理论与实践：地方本科院校教学质量保障体系研究

陈 蓓 著

北京工业大学出版社

图书在版编目（CIP）数据

理论与实践：地方本科院校教学质量保障体系研究 / 陈蓓著. — 北京 ：北京工业大学出版社，（2025.10重印）
ISBN 978-7-5639-7246-3

Ⅰ. ①理… Ⅱ. ①陈… Ⅲ. ①地方高校－教学质量－保障体系－研究－中国 Ⅳ. ①G649.2

中国版本图书馆 CIP 数据核字（2019）第 283644 号

理论与实践：地方本科院校教学质量保障体系研究

著　　者：陈　蓓
责任编辑：邓梅菡
封面设计：点墨轩阁
出版发行：北京工业大学出版社
（北京市朝阳区平乐园 100 号　邮编：100124）
010-67391722（传真）　bgdcbs@sina.com
经销单位：全国各地新华书店
承印单位：三河市元兴印务有限公司
开　　本：710 毫米 ×1000 毫米　1/16
印　　张：11.5
字　　数：230 千字
版　　次：2021 年 10 月第 1 版
印　　次：2025 年10月第 4 次印刷
标准书号：ISBN 978-7-5639-7246-3
定　　价：45.00 元

前　言

在教育国际化、院校林立、争抢生源的趋势下，地方本科院校处于一种劣势的状态。地方本科院校如何寻找到自己的发展目标，建立起教学质量保障体系，实现又好又快的科学发展，这的确是一个值得认真探索和研究的重大课题。地方本科院校实现科学发展，必须采取正确的对策。首先，应以科学发展观为指导，做好学校的规划、目标定位，突出为地方服务的宗旨。其次，抓好专业学科建设，提高人才培养的质量。最后，在促进学校内涵式发展上：一要建设一支素质高、能力强和结构合理的师资队伍；二要在各个教学环节，尤其是课堂教学质量上下功夫；三要加强教学质量监控体系建设，充分发挥监控主体的作用。

本书第一章为绪论，主要阐述了地方本科院校的内涵与特征、影响高等学校教学质量的因素、高等学校教学质量保障的理论依据，以及地方本科院校教学质量及其保障的现状等内容；第二章为地方本科院校的教学质量保障要素，主要阐述了内生要素、外生要素、驱动要素以及教学质量保障体系的构成等内容；第三章为地方本科院校教学质量内部保障体系，主要阐述了地方本科院校教学质量内部保障体系的基本原则、地方本科院校教学质量内部保障体系的基本框架、地方本科院校教学质量内部保障体系的构建与思路以及地方本科院校教学质量内部保障体系的运行与维护等内容；第四章为地方本科院校教学质量外部保障体系，主要阐述了政府对地方本科院校教学质量的宏观调控、市场对地方本科院校教学质量的监控以及教育评估中介机构的构建与运作等内容；第五章为地方本科院校教学质量评估与控制体系，主要阐述了地方本科院校教学质量评估体系、地方本科院校教学质量控制体系等内容；第六章为国外高等教育质量保障体系的特点及其启示，主要阐述了国外高等教育质量保障体系的几种模式、国外高等教育质量保障体系的特点以及国外高等教育质量保障体系对我国的启示等内容；第七章为完善地方本科院校教学质量保障体系的策略，主要阐述了塑造优秀的教学质量文化，化解改革阻力，增强建设动力以及改进地方本科院校教学质量保障体系结构等内容。

本书共七章，约20万字，由江苏第二师范学院陈蓓撰写。为了确保研究内容的多元性和丰富性，作者在撰写本书的过程中参考了大量的理论和研究文献，在此向涉及的专家学者表示衷心的感谢。最后，由于作者水平有限，加之时间仓促，本书不免会存在一些疏漏之处，在此，恳请同行专家和读者朋友批评指正！

目 录

第一章　绪论

教学质量是中国教育研究的核心问题之一，是学校办学水平和竞争力的集中体现。地方本科院校要想提高教学质量，就必须结合院校的实际情况，对教学质量进行研究。因此，要对院校的基本情况和教学质量有一定的了解。本章分为四节，分别是地方本科院校的内涵与特征、影响高等学校教学质量的因素、高等学校教学质量保障的理论依据和地方本科院校的教学质量及其保障现状。主要内容包括地方本科院校的内涵及其建设、影响高等教育质量的外部因素、影响高等教育质量的内部因素、高等教育理论、地方本科院校教学质量保障的现状等。

第一节　地方本科院校的内涵与特征

一、地方本科院校的内涵及其建设

（一）地方本科院校的内涵

1. 教师教学发展的内涵

地方本科院校的发展水平在很大程度上决定了中国高等教育的发展水平。但是，地方本科院校一般都属于教学型院校或者教学研究型院校，教学质量是他们的立校根本。因此，在高等教育发展的大背景下，地方本科院校要想获得可持续发展，就要通过促进教师教学发展来提升院校的教学质量。

就目前的研究成果而言，中国学术界对教师教学发展的内涵的阐释都不相同，并没有形成统一的概念。学者们依据各自的研究成果，提出了相应的观点。陈德良等学者认为，教师教学发展是通过内、外部的行动，消除教学上的障碍，进行教学反思，不断丰富教学策略，进而提升教师的教学能力及教学水平的过程，目的就是实现教师的全面发展以及个人价值。焦燕灵学者认为，教师教学发展是教师通过自身的努力和外部的支持，更新自己的教学理念，提高自己的教学能力，形成自己独特的教学风格，以实现自己的自我价值的过程。另外，陈时见学者提出，教师教学发展指的是在教师的发展过程中，为了使教学质量得到提高，组织或者个人利用各种途径为教师的发展提供支持和服务，从而使教师的教学能力、学术水平等方面得到进一步发展。

由以上观点可以看出，不同学者对教师教学发展的内涵的表述也有共同点，那就是所有的观点都强调了教学发展的最终目的就是使教师获得全面发展，常用的途径是教师的自我发展和学校的外部支持。而不同点是关于学校提供的外部支持和教师追求个人发展的途径不同。因此，地方本科院校的教师教学发展可以理解为教师通过自身的努力、学校的帮助和教学学术文化的建立，使自身的教学能力、学术水平及教学价值得到提高，促进师生共同发展，最终提升学校教学质量的系统化和动态化的过程。

2. 大学文化的内涵

（1）文化的内涵

我国近代史上两位观点迥异的文化学家胡适和梁漱溟对于文化的理解如出一辙：胡适先生认为文化是人们生活的方式，梁漱溟先生认为文化是人类生活的样法。总而言之，文化与人的生活紧密相关。有学者从哲学的角度揭示了文化的本质："文化是历史凝结成的，在特定时代、特定地域、特定民族或特定人群中占主导地位的生存方式，它通常以自发的文化模式或以自觉的文化精神的方式存在。"这里的文化不是人们日常理解的与政治、经济并论的"文化"，而是隐藏在人的所有活动之中，影响及制约人的行为方式的深层次的东西。

如此，不仅阐释了文化的人本性质，也揭示了人的文化本质。将文化与人的本质、人的生存统一起来，既能避免对人的本质理解的片面化，也能避免对文化理解的工具主义偏见。从这个意义上说，"文化"就是"人化"，即在人与文化的关系上，人是文化的创造者，也是文化的创造物。一方面，文化是人类本质活动的对象化，即人的社会实践活动的历史积淀和对象化；另一方面，文化一旦形成，反过来又构成人的实践活动、人生存的内在机理和图式。个体的人只有通过自身的社会化和社会的个性化，来学习内化本地区、本民族的这种文化机理和图式，接受和适应本地区、本民族特有的生存方式，他才是一个为本地区、本民族人们所承认的真正的人。而这里所谓的"个体的社会化和社会的个性化"过程，实际上就是人的教育。因此，任何时候文化都蕴含着一种教育意义。

（2）文化与教育

其实，文化与教育的这种密切联系，还可以从对东西方文化概念起源的考察中看出来。西方“文化”的“culture”一词，原义为“耕耘、栽培、培养”，随后在此基础上发展出心智的训练、性情的陶冶等语义，再后来才有“文化”的现代意义。这其中，文化的培养和教育意义十分明显。而在中国，据学者考证，“文”“化”并用最早见于《易·贲卦·彖传》：“刚柔交错，天文也。文明以止，人文也。观乎天文，以察时变；关乎人文，以化成天下。”在这种中华传统独有的“人文化成”思想里面，文化的教育意蕴同样十分明显。

当然，承认文化本身具有教育意蕴，并不意味着将文化直接等同于教育。如上所述，在文化存在的两种方式中，作为自在、自发存在的文化模式而存在的文化，其存在的时间和范围都远胜于自觉存在的文化精神。所以，文化更多的是以潜移默化、耳濡目染的方式自发地化民成俗。这一点从人们平时虽无时无刻不受文化的影响却熟视无睹，只有在社会和文化转型等特殊时期才对其有所察觉可以得到证明。而教育，尤其是狭义的教育（学校教育）是在专门时空进行的人文素养培养和知识技能传授的活动。因此，与自在的文化模式（特定地域、特定民族或群体内的人们的生存方式）、自发的化民成俗不同，学校教育有其目的，当然也就是自觉的文化活动。或者说，学校教育是一种自觉的文化存在，这一点在大学教育中表现得更为明显。

（3）文化与大学

清华大学曾经的校长梅贻琦先生曾指出：“所谓大学者，非谓有大楼之谓也，有大师之谓也。”可以说，仅仅具有高深专门知识者，无论其怎样超出常人，都只能算是专家。而所谓的“大师”则是指那些不仅具有高深的专门知识，更具备深厚的人文底蕴，作为自觉的文化精神的体现者而进行文化启蒙和文化创新的人。可见，在现代社会，专家寻常可见，而真正的大师却很难求。从文化的角度理解梅贻琦校长这句话，别有深意：从表面上看，他是在强调大师对于大学的意义远胜于大楼，而更深层的意义则是文化对于真正的大学具有不可或缺的意义。由此，是否可以说“所谓大学者，有大文化之谓也”。

人类所创造的文化，人的文化通过自己的“类”而得以延续，这就离不开文化的传承与创新。而文化的传承与创新又必须立足于文化启蒙和批判的文化自觉，必须依赖于一种自觉的文化精神。上面说的大学的“大文化”就是这样一种自觉的文化精神。事实上，自古以来，自觉的文化精神主要体现在高等教育之中（到了近现代则是体现在大学之中）。

在自在文化和自觉文化之间，人们找到了现代大学的准确定位：大学的本质规定性就是通过文化的传承和启蒙，将个体自在的生存状态提升到自觉的生存状态，同时用自觉文化推动社会文化的进步，甚至推动社会各方面的进步。鉴于此，大学文化的本质表明：大学的教育不仅仅是传递某些特定的、具体的知识和技能，而是通过文化的教化和启蒙，使人的能力、素质、精神等得到全方位的文化提升。人文教育和文化启蒙从一开始就被大学赋予了核心地位。文化需要大学，大学更不能离开文化，大学的文化本质体现在大学文化本身。

（4）大学文化的内涵

基于以上分析，所谓的“大学文化”，即是大学在办学过程中因历史积淀而形成的占主导地位的师生共同生活模式，它既包括大学自发的校园文化模式，也包括自觉的独特文化精神。虽然人们也可以从物质文化、制度文化和精神文化的构成和形态来理解和探讨大学文化，但这种视角既不足以体现大学文化的生活“样式”或“样法”，也不足以凸显大学文化相对超越社会文化的独特文化精神。在社会生活中，人们对于自己置身其中的文化司空见惯、熟视无睹，很少能察觉到文化的存在，也就很少进行反思了。而大学文化却能自觉地对自己置身其中的社会文化进行反思，正是这种文化的反思，使得大学文化较之校外文化而言更为自觉。也就是说，作为一种以自觉的文化精神为核心的文化存在，大学不仅能自觉地通过文化研究、教育和反思性的校园文化生活去发现、发掘，从而去继承和弘扬社会文化中积极、进步的文化主流，也能对日常生活文化中某些消极、落后的方面进行反思和批评，从而引领文化的健康发展，实现文化的创新和繁荣。这正是大学对于社会主义和谐文化建设的独特意义所在。

3. 学科、专业建设的内涵

（1）学科与学科建设的内涵

第一，学科的内涵。英语中学科（discipline）的概念从词源上看，最初与教育和学习有密切的联系，可以追溯到古希腊文的“didasko”（教育、训练）和拉丁文中的“disco”（学）。在此基础上演化出古拉丁语词汇“disciplina”，它兼具知识（体系）和权力两重含义。到了乔塞时代，“disciplina”又进一步演化为英文词汇“discipline”，专指各门类的知识。在后面的发展中，“discipline”的含义越来越明显。当然，仅从词源角度来考察，尚不足以明晰“学科”概念的内涵。人们还有必要对“学科”的发展历史进行深入考察。

到了近代，为了解决人类生命的有限性与人类认识需求的无限性之间的矛盾，人们发现忽略整体、探索局部是一条可行性道路，就是按照知识的性质，对其进行分类，形成学科，每个人都可以根据自己的兴趣爱好和能力倾向选择相应的科目，现代科学意义上的学科就此诞生。因此，这里的“学科”是学术体系或知识谱系。

研究者把学科的产生与发展分为了三个阶段：第一阶段是学科的萌芽阶段，该阶段是模糊的、没有具体形态的知识状态的阶段；第二阶段是学科的初步形成阶段，该阶段是随着人们认识能力的提高，人们以知识的发展情况为依据，开始对现有知识进行梳理和归类，进而使“学科”产生的阶段；第三阶段是学科发展阶段，知识类型划分更加科学化。

上面研究的学科是以知识的内在逻辑为依据，对其进行学术体系划分的“学科”。这个科学学科概念，与高等教育学意义上的“学科”概念还是有区别的。这里所说的学科是在学科门类划分的基础上，结合学生的心理发展逻辑构建起来的学业学科。因此，可以将高等教育范围的学科定义为：在学科门类划分的基础上，根据某些教育学与心理学规律组织起来的教学或者学业知识体系。

第二，学科建设的内涵。与学科概念的理解相对应，学科建设也可以有两种理解：就研究领域而言，学科建设是理论体系的构建；就大学而言，学科建设是教学或学业科目建设。对地方本科院校的“学科建设”而言，这里要探讨的主要是后者。

大学的学科是在学科门类划分的基础上，对教学或学业知识体系进行建构或重构。这一过程便是学科建设。简而言之，学科建设是在既有的知识谱系和学科门类划分的基础上，依据教育、教学的相关理论，对教学或学业知识体系进行建构或重组。从该意义上来讲，高等教育中的学科本身就含有学科建设的意义。

具体而言，学科建设可以分为三个层面：第一层面是宏观层面，也就是学校层面，主要涉及学科的定位、规划、设置等一些宏观问题；第二层面是中观层面，该层面是就一级学科的建设而言的，指的是学科群的建设；第三层面是微观层面，这层面是就二级学科的建设而言的，指的是通过各种途径使学科建设水平得到提高。

（2）专业与专业建设的内涵

《辞海》中专业的定义是高等学校以社会分工为依据所划分的学业门类。《教育大词典》中专业的定义是高等教育对学生进行培养的各个专门的领域。而在《国际教育标准分类》中专业则被理解成课程计划。此外，还有一种观点是从广义、狭义和特指三个层面来理解专业的概念。从广义上来说，专业指的是某种职业与其他职业不同的一些特定的劳动特点；从狭义上来说，专业指的是某种特定的社会职业；特指的专业指的是根据已定的培养目标，在高等学校设置的基本教育单位或者教育组织形式。《辞海》与《教育大词典》对专业的表述只是一般意义上的解释；《国际教育标准分类》对专业的理解，无法全面表达专业的内涵。还有人认为，专业是根据学科的分类和社会职业分工的需要，分门别类地对高深、专门的知识进行教与学活动的基本单位。这种定义不仅含有教与学的活动属性，还含有分类进行这种活动的基本单位的属性，指出了专业划分的依据在于“学科分类和社会职业分工的需要”，阐明了“专业”与“学科”的关系，比较全面地揭示了专业的内涵。

基于此，所谓的专业建设，就是大学为了适应社会的发展和职业分工的需要，以现有的学业知识体系为基础，对专门的知识领域和教学单位进行的建构、优化及调整。专业建设可以分为宏观和微观两个层面：宏观层面就是学校层面，主要涉及的是专业的设置、布局，结构的调整等宏观问题；微观层面指的是某一具体专业，主要涉及的是专业教学计划的制订、课程的建设、教学方法的改革等问题，目标是提高学校的教学质量。

（3）学科与专业的关系

了解学科与专业之间的关系，是理解学科建设与专业建设二者之间关系的基础。探究学科与专业之间的关系，可以从它们的联系与区别两个方面入手。

学科和专业的联系：学科是专业发展的基础。西方近代自然科学从哲学中分离后，自身也逐步分化为不同的学科领域。为了适应社会职业分工的需要，近代大学在对学科进行分类研究与教学的过程中，逐步组织和整合相应学科，从而形成一种相对稳定的教与学的单位，这就是人们常说的专业。因此，专业的产生是立足于学科的选择和组织之上的。同时，专业是学科人才培养的基地。尤其是现当代高等教育，学科与专业的关系越来越密切，二者相互依存、共同发展。

学科与专业的区别：首先，从二者的内涵不难看出，学科是教学或学业知识体系，专业是在学科的基础上构建起来的教与学的单位。其次，学科和专业的设置原则不同。学科的划分主要依赖于知识本身的逻辑体系、学生的心理发展逻辑以及教育教学规律；专业的构成除了要考虑上述问题以外，还需要考虑社会的职业分工。此外，学科与专业要实现的目标或者构成要素等都有所区别。

（4）学科建设与专业建设的关系

学科建设与专业建设的联系主要体现在两个方面。首先，学科建设和专业建设在目的方面具有一致性。大学的职能就是培养人才，因此学校的学科建设和专业建设必须以人才培养为宗旨，服务于人才培养的职能。不仅专业建设的目的在于高质量的人才培养，学科建设的目的也主要在于此。其次，学科建设也是专业建设的基础。高质量的学科建设为高水平的专业建设提供了强大的支撑。而专业建设反过来也能促进学科建设水平的提高。无论是在地方本科院校的学科建设的实践中还是在专业建设的实践过程中，都涉及人力资源、制度以及物质基础等各方面的建设。因此，学科建设与专业建设虽然有各自不同的要求，但是在多数情况下，它们的资源配置是可以共享和通用的。

学科建设与专业建设之间存在一定的区别。首先，学科建设和专业建设在目的和目标上有所不同。两者在实现人才培养这个目的方面具有一致性，但是它们的目的和目标并不是完全相同的。实际上，学科建设除了实现知识传递和人才培养的目标以外，还要制定一个完善的学术制度，形成一个结构合理的学术梯队，从而促进系统化知识的创新和发现，使学校的学术研究水平得到提高。而专业建设的目标是通过制定合理的人才培养目标及方案，调整和优化教学计划，不断加强师资队伍、课程等的建设，以有效履行高等院校的人才培养的职能。

其次，学科建设和专业建设的主要内容和侧重点也是不同的。学科建设侧重的是学科科学研究方面，涉及促进学科学业知识体系的发展和更新的问题；而专业建设则重在实现人才培养的教学方面。从大的方面来讲，学科建设和专业建设都涉及人力资源、制度和物质基础等方面的建设，但是它们在具体的建设内容上有着明显的不同。例如，学科建设中的学术梯队建设的侧重点是教师学术方面的建设；专业建设中的师资队伍建设的侧重点是教师教学技能技巧方面的建设。关于制度建设，学科建设侧重于学术管理制度的优化与完善，专业建设更侧重于教育教学的管理制度和规章制度的建立与健全。学科建设的内容主要包括学术梯队的建设、学术带头人的培养、确定研究方向等学术相关内容。专业建设的内容主要是确定专业培养目标、制订专业培养方案等。

此外，在评价指标等方面，二者也有所不同。总而言之，学科建设和专业建设之间既有区别又有联系，二者之间不可以相互替代。专业建设是院校提高办学能力和办学水平的现实需要，学科建设有利于提高院校的可持续发展能力。地方本科院校的目标是培养高层次的应用型人才，因此，地方本科院校应该以专业建设为主，但是也不能忽视学科建设。毕竟，学校要想长远发展还要依赖于学科建设。

4. 课程质量标准的内涵

课程质量标准是一个由课程、质量、标准三个词语构成的复合词语，但是这三个词语本身就十分复杂多样，所以课程质量标准的内涵也很模糊。

在院校本科课程质量的分析方面，质量含有两方面的蕴意：一方面，课程质量指的是课程活动的综合质量，包括活动的结果以及课程活动过程的质量；另一方面，课程质量与需求对象有一定的关系，探讨课程质量标准一定会涉及课程的价值主体。课程的价值主体主要有三种，分别是社会、学生个体和知识发展。课程不仅仅要体现出学科专业知识的进步情况，满足学生个体的个性化教育需求，还要符合社会职业活动的特点。综上所述，课程质量就是课程可以满足各方面鲜明的、隐藏的或要履行的需求及期望的属性。课程质量是主观判断与客观特性的统一体。客观特性是课程活动的过程以及结果的表征；主观判断是满足各方面需要的体现，这种需要一般都是用间接的方式对课程活动产生影响。课程质量是通过课程要素的一系列特性体现出来的，人们可以建立与课程质量相关的定型与定量表征，这些表征可以表现为一定的指标与参数，作为课程质量的评判参数。根据泰勒的经典课程范式，课程的构成要素包括课程目标的确立，课程内容的选择、组织与实施以及课程评价，课程质量就是通过这些要素的特性和需求程度体现出来的，而课程质量标准就是对这些要素的指南和水平进行探讨与评判。

需要注意的是，课程质量标准并不是固定的、一致的衡量尺度，而是一种评判课程的特性及其符合需求程度的原则。质量标准成功地从工业生产领域移植到了教育领域，并且成了教育质量管理的一个术语，需要服从于大学自治和学术自由这两个信仰。一方面，人们不可以把教育圈入一套或者多套的标准体系中，更是不可能为全部的教育过程都制定出精确的质量标准；另一方面，人们建立的高等教育也不能没有标准，高等教育需要将教育质量的信息公布于众，接受社会大众的监督与问责。高等教育的质量标准是多个基本原则，某些量化的指标，如学生的平均校园面积、平均教学仪器等指标仅仅是院校设置或者办学条件的资格，并不能使教育质量得到保障，这些指标自然也不可能成为教育质量评估的依据。

（二）地方本科院校的内涵建设

1. 创新人才培养机制

地方本科院校应该积极主动地与企业建立起一个稳定的产学研合作关系，与企业共享教育资源，共同开展产学研合作与技术交流工作。产学研合作不仅是院校培养应用型人才的重要手段，也是提高院校教育质量的重要途径。调查发现，近 80% 的教师认为他们所在的专业开展的并不是真正意义上的产学研合作，甚至根本没有这种合作；有 90% 以上的教师认为现在产学研合作的开展仅仅是停留在实践基地的层次；还有很多教师认为关于如何推进产学研合作，学校并没有有效的措施。地方本科院校的首要任务就是培养应用型人才，而产学研合作是完成这一任务的最好途径。因此，地方本科院校应该与政府机构、企业进行合作，创新人才培养机制，将企业引入应用型人才的培养过程中，进而提高应用型教师队伍的教学水平与人才的培养质量。

2. 创新人才培养模式

地方本科院校应该对人才培养模式进行改革与创新，改革后的模式应该以产教融合为特征。经调查，81.8% 的教师并不清楚什么是产教融合。在与部分院校的教务处长的交谈中发现，每个人对产教融合的认识都有所不同。有的人认为企业应该参与人才培养的全部过程，有人认为企业只需要参与实践环节便可，还有人认为政府应该引导产教融合。每个人对产教融合的认识不同，取得的效果必然也会不同。但是，地方本科院校应该积极主动地邀请企业的相关专家参与制定人才培养方案的工作，培养方案不仅要将区域发展对人才培养的要求体现出来，还要将企业的特点反映出来。地方本科院校应该创建将"学术、技术、职业"融汇一体的课程体系，重组、优化实验的课程与内容，增加应用性、创新性的实验课程，开展多层次实验教学，以培养学生的创新能力。

3. 重视课程教学模式改革及课程的开发和建设

对于地方本科院校而言，课程教学的实践性与应用性显得尤其重要。因此，院校应该改革教学观念，与企业展开合作，共同开发实践性与应用性比较强的课程，增加面向就业的实用性课程，从而使学生就业的竞争能力得到增强，使学生的社会适应能力得到提高。教学方法和评价方式的改革也应该以实践性为基本原则，致力于提高学生分析、解决问题的能力。在教学过程中，应该采用讨论式、启发式等多种教学方式，使学生可以快速掌握所学内容，并且形成一定的技能。与此同时，对学生进行考核时，要强化过程性考核，改变将考试分数作为衡量学生学习效果的单一评价方式，建立一种科学、多元的考核评价体系。

4. 强化实践教学

提高地方本科院校人才培养质量的关键就是强化实践教学。但是，据调查，大部分的学校很少与企业开展合作，学校实训中心的建设也很少有企业的参与。因此，地方本科院校应该积极与企业建立合作关系，吸纳企业的资源和技术的融入，加强学校内外的教学合作和实训中心的建设。与此同时，地方本科院校还应该增加应用性专业的实践课程比例，建构以培养学生"四能"（"四能"包括学生的动手能力、创新能力、应用能力以及团队合作能力）为目的的实践教学体系。建立科学的实践教学质量标准，不断完善实践教学的环节，对实践教学过程进行管理与监控。还要将实践考核的重点放在实践能力以及专业素养上，逐渐营造出一种自主学习、主动实践的良好学习氛围。此外，地方本科院校还要强化实践教学平台的管理制度，提高师资队伍的综合能力等。

5. 加大“双师型”师资的培养力度

一所院校教学质量提升的关键就是师资，地方本科院校在师资队伍的建设中应该注重提高教师的“双师”素质，将教师培养成具有培养社会需要的人才的能力、具有科研成果转化能力以及产学研合作能力的“双师型”教师。经调查，大部分的院校都提出了“双师型”师资的建设目标，并且“双师型”教师的人数要达到学校教师总数的一半以上，这直接说明了地方本科院校已经接受了“双师型”的说法。因此，地方本科院校应该以人才培养需求为依据，建立相对稳定的实践教学教师队伍，不断增强教师的培训力度，使教师的业务能力和管理水平得到提高。地方院校还应该扩宽渠道，与企业合作建设“双师型”师资的培养基地，从政策上支持专业教师进入企业挂职锻炼，进一步提升教师的实践能力。此外，还应该从企业聘请能力和素质都比较高的专业人员进入课堂担任兼职教师，弥补专职教师的不足。

6. 重视应用研究

在每一所高等院校中，教学与科研都有着密不可分的关系，虽然地方本科院校的主要任务是培养应用型人才，但是依然要充分重视科研。地方本科院校如果忽视了教学，就不能称得上是真正的学校；同时，如果忽视学术研究、不做科学研究，那这所学校一定是碌碌无为的学校。虽然如此，地方本科院校的科学研究应该与当地的经济社会发展相结合，注重应用研究，与企业合作开展对双方都有利的科学研究。应用研究的本质就是以问题为导向。无论是什么研究，只要可以做到以问题为导向，可以为地方与企业提供支撑，政府就应该积极鼓励，并且在政策上给予适当的引导和支持。毫无疑问，目前地方本科院校进行应用研究的最好的途径就是产学研合作。然而调查发现，大部分的教师都没有参加或者极少参加企业的科研、咨询等项目。因此，开展以产学研合作为主要形式的应用研究，可以提高地方本科院校的教学质量与人才培养质量，也有利于提高学校科研成果的转化能力，进而使学校的综合能力和核心竞争力得到提高。

7. 重视学科建设

影响学校办学质量的关键因素就是教师，而学科恰恰是教师的归属，只有学科强，专业才有优势，教师的水平才能提高。经调查，很多教师认为地方本科院校进行应用研究需要重视学科的建设。当然，每个人对学科建设的认识也有所不同，有些人认为，教学型院校更应该注重专业的建设，而学科的建设则不重要；有些人认为，不管是什么样的本科院校，都不能忽视学科建设。事实上，在地方本科院校中，学科与专业的关系是密不可分的，他们不仅仅体现了一所学校的学术水平，也为提高人才培养质量提供了保障。因此，在当前“双一流”院校的建设中，地方本科院校更应该结合地方的特点与需求，加强比较有优势的特色学科的建设，进而促进特色专业的建立，支撑应用型人才的培养。此外，知识创新学科的发展已经呈现出了学科交叉、融合发展的趋势，因此，地方本科院校应该有意培育交叉学科，进而为创新性应用人才的培养提供学术支撑。

二、地方本科院校的特征

地方本科院校的建设依赖于地方社会的发展，是由地方投资与管理的，而且培养出来的人才以及科研成果主要服务于地方。所以，地方本科院校的发展必然与地方经济社会的发展有着密切的联系。地方本科院校的特点总结起来主要包括以下几点。

（一）院校由地方政府管理与建设

在地方院校的管理与建设中，地方政府担任着十分重要的角色。地方政府对于地方本科院校的管理主要体现在：第一，政府会以国家法律法规为依据，结合本地的发展，制定地方高等教育发展的规划；第二，地方本科院校的办学要素，如人员编制、经费划拨等，都是由地方政府掌握的；第三，院校的领导层的任免由地方政府决定，对行政领导班子的任免采取的是直接任免制；第四，院校专业的设置要经政府审批，招生计划与招生录取等工作也是由地方政府所确定的；第五，院校的某些社会事务也是由政府管理的，如校园占地管理。

由此看来，地方政府对地方院校的管理是多个方面的。伴随着高等教育的不断发展，地方本科院校的办学自主权逐渐扩大，但是自主空间依然十分有限。在多数情况下，现在的集权制对地方院校的发展造成了影响，会在一定程度上制约学校功能的发挥，进而影响地方经济的发展。因此，地方政府应该给予本地院校更大的自主权，地方政府还可以通过一些有效途径，了解本科院校的发展现状及需求，对院校进行宏观调控，将属于学校的权利归还给学校，使学校可以依据教育规律、结合本校实际情况自主办学，提高办学水平，发展学校特色。此外，在政策上，地方政府应该为地方院校提供一些支持，使院校的建设得以顺利进行。

（二）院校的发展依托于地方社会经济的发展

1. 院校经费主要来源于政府

地方本科院校的大部分经费都源于政府支持。地方社会经济的发展水平是地方院校发展的动力，同时又制约着地方院校的发展。主要原因就是地方的社会经济发展不平衡，从而导致地方政府对院校的投入有多有少，使得院校的师资、基础设施等都有较大的差异。良好的地域环境可以促进地方本科院校的发展，但是多数的地方院校都位于比较偏远的经济落后地区，地方政府为学校划拨的经费十分有限，严重阻碍了地方院校的发展。因此，地方本科院校要不断提高自己的办学水平，提升自己的社会价值，以扩宽投资渠道，改善自身的办学条件。

2. 地方文化影响校园精神文化

地方文化不仅影响着校园精神文化的形成，也对特色学科的建立有一定的影响。地方文化是地方社会长期发展积淀下来的具有浓厚地方特色的文化传统，是中华民族的宝贵财富。地方本科院校深受地方文化的影响，继承和发扬了这种优秀的地方传统文化，将地方文化纳入了学校的建设之中，逐渐形成了独具特色的校园文化环境，对学校师生的共同发展有着重要影响。除此之外，在学科建设中，学校也应该结合地方文化特色，建设包含地方文化的特色学科，这样既可以提高学校的影响力，又可以发扬和传播地方文化。

3. 院校使用地方地理资源

地方本科院校占用地方的地理资源，是地方本科院校发展的优势和特色。在开发和利用地方地理资源的过程中，这些先天的自然资源给社会带来了一定的价值。地方本科院校可以充分挖掘这种独特的自然资源优势，与本校的实际情况相结合，建设具有自己特色的学科，不仅回报了社会，也促进了本校的发展。

4. 地方经济环境影响院校建设

地方本科院校要想获得长久、良好的发展，就必然要与地方社会的发展相联系。学校的学科建设、科研方向等都是由地方的产业结构、经济发展来决定的。地方本科院校可以以地方的经济、文化特点等为依据，建设特色专业，培养特色人才，利用地方优势不断提升学校的核心竞争力与综合实力。

（三）院校为地方社会经济发展服务

1. 院校为地方提供人才支持

地方本科院校可以为地方社会经济的发展提供各种人才。地方院校可以根据地方对人才的需求情况，对学科专业的结构进行调整，对教学模式以及人才培养模式进行改革创新，从而为地方提供符合社会发展需求的高素质专门人才，为地方社会经济的发展提供强大的人才保障。此外，地方本科院校还可以通过在职培训、成人教育等各种途径，发展继续教育，进而使地方劳动者的整体素质得到提高，为地方发展提供智力支持。

2. 院校为地方提供科研支持

地方本科院校可以称为地方经济发展的智囊团，大量地方优秀人才聚集与此。在这里有各个领域、各个专业的专家与学者，他们具有丰富的知识经验、深厚的创新精神。地方可以利用本科院校的人才优势解决社会发展中遇到的各种问题，并且形成研究课题，为地方的发展提供科研支持。地方本科院校还可以利用这个科研平台，推动科研成果转化为社会价值，进而促进地方社会经济的发展。

3. 院校发扬地方文化

地方文化影响着校园文化的形成，地方本科院校继承和发扬地方文化，是地方社会文化进步的引领者。地方本科院校可以在继承地方文化的基础上，对地方的历史与文化进行研究，使优秀的地方文化得到更好的发扬。地方本科院校还可以利用自身的学术优势，促进地方建设学习化社会，还可以开放学校的其他资源，实现学校与社会资源的共享，从而使地方本科院校成为地方的文化中心，将本校的文化服务特色体现出来。

总之，地方本科院校与地方政府以及经济发展有着密切的联系，二者相互依赖、相互促进。地方院校的发展依靠地方的发展，地方本科院校要将自身的发展与地方社会的发展相结合，借助地方的经济文化特色发展自身，形成独特的办学风格，这样既可以为地方发展提供服务，又可以帮助自身实现可持续发展。相反，地方本科院校为地方的发展提供强大的人才支持和科研支持，地方要想获得可持续发展，就必须重视地方院校的建设，在经济和政策上为地方院校提供相应的支持，把地方院校作为地方经济发展的支撑。

第二节　影响高等学校教学质量的因素

一、影响高等教育质量的外部环境

高等教育作为一种社会事业，在其生存和发展的过程中，必须面向社会办学，即高等教育的开放性；同时它又是一个有机的系统，是一个相对独立的系统，即教育的系统性。高等教育教学质量作为高等教育追求的目标，是受高等教育系统内部因素、系统外部环境和条件制约的，必须处理好两个关系：一是教学质量同外部环境的关系，其中包括自然环境、社会环境、经济环境等。高等教育作为社会公共事业的一部分，政府有责任对高等教育教学资源进行配置、统筹规划，保障社会和人民对优质高等教育的需求，于是政府对教育事业的规模、速度、结构、布局、质量、效益等问题进行研究、干预和有所作为，这些宏观层面的政府行为对高等教育教学质量影响深远。二是教育质量与内部教学影响因素的关系，指对教学质量形成间接的或为教学服务的影响因素，如学校治安、后勤保障等。它为开展教学工作提供条件和环境，使教学顺利地得以开展。当然，在一定的历史条件与办学背景下，教学外部条件对教学的影响也可能是巨大且深远的，因而也是高等学校不可忽视的。

二、影响高等教育质量的内部因素

高等教育内部存在很多因素，影响着高等教育的规模、结构、质量、效益等。当然，在一定时期，对教学质量的影响程度不一样。通常来讲，师资队伍状况、学生状况、教育资源状况、教育教学管理、各主要教学环节的组织与运行状况等是影响高等学校教育教学质量的核心要素。

（一）教育者因素

教育者包括学校的管理者和教师两类。首先是学校管理者的因素。学校管理者的教育思想、专业水平、创新意识与能力等都对学校教育质量有着重要的影响，其中校长的各方面能力的影响最为重要。校长是学校发展的引路人，好的校长就是一个学校的灵魂。但是，现实情况并不完全是这样。现在，地方本科院校的管理者中，很多人对高等教育哲学还没有远见卓识，掌握创新教育思想的专家也不是很多。其次是教师的因素。教师是直接为学生提供教育教学服务的，他们的知识水平与教学能力等对教学质量都有着至关重要的影响。现在我国本科院校的师资队伍还存在很多问题，主要体现在：第一，教师数量不够；第二，教学观念滞后，虽然现在的教学观念一直在改变，但还是未能摆脱传统教育观念的影响，在教学实践中还是会以传播知识为主；第三，教师素质参差不齐，我国的教师队伍中，具有较强的教学科研能力与服务社会能力的教师寥寥无几；第四，教学精力投入不够，我国的教师评审制度只对教师的学历与科研成果有着较高的要求，对其他并没有硬性要求，从而导致有些教师把精力放在学历提升、论文课题上，并不会对教学投入过多的精力，因此，教学水平难以得到提高。

（二）教学设施因素

关于教育经费占国民生产总值的比例，发达国家为5%，发展中国家为4%。但是，我国的教育经费占国民生产总值的比例一直保持在2.5%左右，而且近年来各大院校都在扩招，实际上学生平均教育经费一直在减少。调查发现，大部分地方本科院校的经费投入不到总经费的十分之一，实验设备、图书资料等都不能满足教学的需要，没有为学生提供完善的学习环境。而在现实发展中，教育经费不足已经对高等教育的发展和教育质量的提高产生了严重影响。

（三）生源素质因素

每个学生都是一个独立的个体，他们的兴趣、学习能力、学习态度以及学习方法等都有所不同。因此，教学应该有多种标准、多种方法、多种模式，注重因材施教。如果仅仅按照一种模式进行教学，那么必然会使整体教育质量下降。

（四）教育方法因素

教育方法因素主要包括两个方面：一方面是教学设计问题。这方面主要存在的问题是培养目标的定位不够准确，课程结构的设置不够合理，教学模式单一，不能培养出创新人才。另一方面是教师的授课方法。如果教师在教学中只注重书本知识的传递，不注重学生个性的发展，不能做到因材施教，不注重培养学生的创新意识与能力等，那么学生的学习成绩必然会受到直接影响，甚至会影响学生的全面发展。

（五）教学环境因素

教学环境因素包括外部环境因素和内部环境因素。外部环境因素主要包括国家、社会以及用人单位对人才需求的变化、科技进步的速度、家长的受教育程度以及家庭所在区域的经济发展状况等。内部环境因素主要包括学校的基本条件、学术氛围、管理水平以及校风、学风等。教学质量受到内、外部环境的双重影响。从实际的发展情况来看，外部环境是往越来越有利的方向发展，当务之急是创造一个有利于提高教学质量的内部环境。

影响高等学校教学质量的因素错综复杂，如国家宏观政策因素（财政政策、教育发展战略等）、社会经济、文化因素、企事业发展、用人制度以及学校内部教学运行系统等。从宏观来讲，外部因素是高等学校外部对高等教育教学质量产生影响的诸因素，如国际环境。内部因素是指学校内部条件对其教学质量产生影响和作用的诸因素，如学校定位和办学目标、教学投入和基本设施、人才培养方案和教学管理、教师和学生等。这些因素不是单独发挥作用的，它们之间相互制约、相互影响，每个因素都各自发挥着作用，最终形成有效合力，促进教学质量的提高。

影响教学质量的因素是多种多样的，有些是主要因素，有些是次要因素。有些是在某一个时期或历史阶段起着主要作用。有些因素是学校可以自己控制的，有些因素是由国家控制的。因此，人们要把研究的重点放在教育系统内部诸要素上，即内部因素，把研究的范畴界定在高等学校内部。当然这不是说高等学校外部条件和环境对教学质量影响不大，而有时恰恰相反，它们可能对高等学校的教学质量产生巨大的深远的影响。例如，我国在 20 世纪末对高等教育体制、机制、结构的调整对我国高等教育影响巨大。

第三节　高等学校教学质量保障的理论依据

一、高等教育学理论

高等学校质量保障的目的是提高人才培养的质量，提高学校的办学水平。高等教育人才质量观、高等教育价值观都是高等教育学理论的组成部分。高等教育价值观包含高等教育的本质、属性以及功能等。高等教育的本质是利用有组织和目的的活动对学生的成长和发展产生影响，学生成长为社会需要的高级专门人才。高等教育的属性是促进学生的身心发展和社会的发展。高等教育的功能包括培养人才、发展科学和开展社会服务三种职能。教学质量保障和管理的过程具有明显的教育性，教学质量保障体系的构建是以高等教育学的一般原理为指导的，运行的本身就是教育价值观的具体实践，因此，高等教育学理论是教学质量保障的核心理论。

二、现代大学教学理论

教学质量保障体系的建立需要现代大学教学理论作为理论指导。现代大学教学理论中的大学教育学原理、大学教育方法论等都可以作为教学质量保障的理论指导，对教学质量保障体系的构建具有指导意义。

三、高等教育管理理论

在教学质量保障中，教学质量管理是一个十分重要的环节，它管理工作的基础是高等教育管理理论。高等教育管理是有目的的社会实践活动，它在管理过程中运用了各种教育管理方法。高等教育管理运用高等教育管理方法论原理，对教学系统进行监控，对系统信息进行采集、加工、处理等，以使教学系统正常、顺利地运行。因此，教学质量保障的理论依据也包括高等教育管理理论。

四、高等教育评价理论

教育评价事实上是实际表现与理想目标相比较的过程。评价的根本就是利用价值观念对各方面进行评定，从而做出选择。在教学质量保障系统的运行中，为了对教学质量进行判断和评定，科学评价是必不可少的手段，在教学质量的调整与控制中发挥着至关重要的作用。运用高等教育评价理论，客观、公正地评价学校的教学与管理工作的质量，是提高教学质量的有效手段，因此，教学质量保障的理论基础也包括高等教育评价理论。

五、全面质量管理理论

在知识经济与教育大众化的条件下，综合国力的竞争实际上就是高层次人才的竞争，学校之间的竞争实际上就是教学质量的竞争，学校培养出来的专门人才要符合社会发展的需要，因此，要按照社会发展的要求进行质量管理。质量管理从传统的事后检测阶段发展到后来的数理统计质量控制阶段，然后发展到质量主体行为控制阶段，最后发展到现在的全面质量管理阶段。

学校借鉴了现代企业生产中全面质量管理的经验方法，在教学实践过程中建立了质量监控系统和管理制度，并且采取了科学的手段，对学生的德智体美等多方面，对教学过程中的每个因素和环节进行全面管理。全面质量管理是全体师生共同参与的全员管理，是对招生、教学以及考试等全过程的质量管理。因此，全面质量管理也是教学质量保障的理论依据之一。

六、系统科学的理论

系统科学方法是运用系统理论与观点，把研究对象放在系统之中，从整体出发，从系统与要素、要素与要素、系统与环境的对立统一的关系之中考察、分析研究对象，进而达到最优地解决问题的一种研究方法。系统科学方法强调的是系统的目标、系统的功能、系统的活动以及系统的规律，它要求人们把研究对象看作一个整体，从整体入手揭示系统的性质与运动规律。因为教学质量保障系统涉及教学的每个方面、每个环节、每个要素，所以系统科学方法的运用显得十分必要。20 世纪 40 年代以来，产生了很多系统的科学理论，特别是其中几个理论的创立，深深影响着当代科学技术的发展。这几个理论包括：系统论，它是一门对一般系统的模式、原则以及规律进行研究，同时对系统的功能进行数学描述的科学；信息论，它是一门揭示信息的本质，运用数学的方法对信息的计量传递、存储与处理进行研究的科学；控制论，它是一门研究各种系统对一般规律进行控制和调节的科学。这三个学科之间存在一定的内在联系，因此，呈现出了更深层次的综合发展、统一发展的趋势，由这“三论”组成的学科体系就被人们称为系统科学。系统科学原理的应用十分广泛，对教学质量管理有着非常重要的指导意义。在建立质量保障系统的时间中，“三论”基本思想具有十分巨大的应用价值。

七、应用数学理论

教学质量的一个特点就是模糊性，在以下几个方面有所体现。在教学质量性状上具有不清晰性，如思想品德的高低、教学质量的优劣等，不仅在程度上难以精准区分，性状上的界限也不够清晰，难以判别；在教学功能上具有不确定性；在教学效果的评判上具有主观随意性；等等。数学的语言称得上是最精确的语言，可以说，如果没有量的规定就没有质的确定性，用量化的方法对系统进行研究，才能尽量准确又具有说服力地阐明事物的本质以及规律。因此，教学质量的模糊性特点要求在对教育教学质量进行保障的过程中应用必要的数学方法，要求质量管理重视教育测量与预测的科学研究，运用数学中的方法理论概括、描述教学系统内的数量关系，运用概率统计、模糊数学等方法对教学质量性状做数量描述，以求得与事物发展比较接近的参数，用来揭示事物的本质和规律。

第四节　地方本科院校教学质量及其保障的现状

一、教学质量的概念

加强地方本科院校的教学质量管理，必须首先明确教学质量的概念与内涵。在教育教学研究和实践中，教学质量是一个较为模糊、相当复杂且颇具争议的概念。人们对教学质量的认识和理解受到不同的教育理念与教学质量观的影响。其中较有代表性的定义有两个：一是源于教育系统内部的传统观点，教学质量是指教育所提供的成果达到了教育目标系统所规定的标准。学生是教学质量的载体，学生学业成绩的高低往往是衡量教育质量高低的标准，教师对教学质量的评判起着支配作用。二是源于按“顾客”需求加以规范的教学质量，它的核心是“顾客”对产品及其服务性的期望，根本标准是“顾客”满意。

教学质量是指学校有目的、有计划、有组织的教学活动及其结果（学生的知识、能力和素质）满足学校“内外部顾客”（学生、家长、政府以及社会用人单位）需求并使之满意的程度。相应地，高校教学质量就是指高校教学活动及其结果中固有的特性满足“内外部顾客”确定的或者潜在的需求，其质量高低的衡量标准是“顾客”满意度。固有的特性包括教学输入特性、教学过程特性、教学结果特性等。在计划经济体制下，高校主要是满足国家与社会的需要；在市场经济下，高校的教育教学则要满足社会和教育主体（学生）等多元的需求，主要包括：一是社会对学生知识、能力和素质等培养的需求，其主要表现是用人单位对学生的满意度；二是学生对教学活动的要求，包括对教学过程质量和教学服务质量的要求，这是教学质量与物质产品质量的不同之处；三是学生家长对高校教育教学质量的要求；四是国家关于高校教学的相关法律和规定对教学的要求。这些需求都是不断变化和发展的，高校捕捉这各种各样的需求，并且满足它们，是其提高教学质量的根本途径。

二、教学质量的特性

教学质量具有“产品”质量和“服务”质量的双重特性，且以教学服务特性为主。结合学校的教学实际，可将教学质量的特性归纳为以下七个方面。

（一）功能性

这是指教学及其结果所发挥的功能和作用。比如，教学提升了学生的知识、能力和综合素质，实现了国家和高校的人才培养目标，帮助家长教育了子女，增强了毕业生的就业创业能力，满足了用人单位的岗位工作需要等。

（二）综合性

教学质量是学校教育质量的核心，是学生的学习质量与教师的教学质量的综合体，而教师“教”的质量往往通过学生的素质反映出来的。学生的素质体现为学生的身心全面发展，而不仅仅指学生的学习成绩。在高校人才培养工作中，学生的思想品德、行为规范、知识水平、实践技能、创新意识、身心素质和审美能力等，都能够体现教学质量。

（三）发展性

不同时期、不同的社会发展阶段，社会和个人对高校人才培养质量的要求与期望是不一样的，高校教学质量的内涵也应随着时代的发展而有所变化。例如，新时期教学质量的重要内涵应该是学生实践能力和创新精神的培养以及综合素质的提高。教学质量也是不断发展、持续提高的。高校必须紧跟经济社会发展形势和科技发展趋势，适应并自觉服务于社会需求，不断提高自身的教育教学质量。

（四）服务性

学校教学的“生产”同工厂的生产有很大不同，工厂生产面对的是无生命的材料和毛坯，而学校教学“生产”面对的是活生生的人——有意识的学生。学生具有可塑性，学校对学生的“塑造”是通过教学服务实现的，教学“生产”过程具有服务特性。高校的“顾客”——学生既是“原料”又是“产品”，既是被“加工”和服务的对象，又是加工（接受教育教学服务）过程的积极参与者。

（五）模糊性

教育是一种模糊性社会现象，高校教学质量也必然呈现模糊性和抽象性。一方面，教学质量在性状上具有无形性和不清晰性的特点，即教学质量和教学服务不能像企业的有形产品一样可以陈列在货架上，展示在顾客面前。例如，教学质量的高与低、教学效果的好与差等，都看不见、摸不着，也难以从程度和性状界限上精确区分，学生只有在接受了教育教学服务之后，才能真正体验和感受到。另一方面，对教学质量的评判具有主观随意性。教学质量的本质是主体的一种价值判断和评价，是评价的主体从自身的个性化标准出发并且加以判断的，质量高低的衡量标准是与个性化标准的符合程度，具有较大程度的主观随意性。

（六）过程性

教学质量的产生和形成是有过程的，教学质量表现为整个教学过程的质量。在教学过程中的每一阶段、每一环节，都存在质量管理问题，必须对教师的教学过程和学生的学习过程的各个环节进行动态的质量监控。高校的教学质量活动，也是学校各部门及其成员通过合作，对教学活动进行不断改进、对提高教学质量进行持续探索的过程。除此之外，教学质量的发生作用也是一个过程，如大学毕业生的质量，往往要经过几年的岗位实践锻炼才能显现出来。

（七）可信性

这是指学校教学及其结果让“顾客”感到放心的能力。高校培养的学生要符合国家的基本规格要求和社会的需要；学校教学活动应该公开透明，教学的结果应该可靠，不要向家长发布虚假信息等。

三、地方本科院校教学质量保障的现状

近年来，地方本科院校基本都在扩招，高校教学质量问题逐渐凸显。社会各界也十分关注地方本科院校的教学质量保障，经过几代教学工作者的努力，已经形成了学校、政府、社会等多方参与的教学质量保障体系，促进了我国地方院校教学质量水平的提高。目前的教学质量保障现状表现如下。

（一）制定相关政策

政府制定相关的政策，从政策上提供教学质量保障。我国十分重视高校教学质量保障体系的建设工作，在颁布《中共中央关于教育体制改革的决定》后，详细地研究和分析了教学质量保障的实施情况、存在的问题等，并且结合了时代的发展与教学实践活动的检验，不断地对相关政策进行完善，先后颁布了很多关于教学质量保障体系建设的政策报告，从而在制度上保证了教学质量保障活动与体系建设的合法性，不断地优化与完善教学质量保障体系，为地方本科院校教学质量保障提供了有利条件。

（二）成立相关机构

成立相关的组织或机构，从组织上提供教学质量保障。教育部不仅是行政部门，还对我国的教学质量保障发挥着重要作用。此外，教育部的相关部门都要对教育质量进行有效监督、正确评估以及科学管理。不同的管理部门发挥着不同的作用，促进了地方本科院校的发展，推动着教育质量体系的完善与发展，为教学质量保障奠定了基础。

（三）评估主体多元

地方院校的评估主体是多元的，渐渐形成了多方参与的评估体系。随着改革开放的发展，政府的职能也随之发生了比较大的转变，地方本科院校的办学自主权也逐渐扩大，社会上的第三方评估机构也逐渐增多。这些评估机构主要来自社会各方主体，可以对教学质量进行公平、公正且比较真实的评估，对地方本科院校教学质量保证有着重要影响。

（四）逐步建立完善的内部教学质量保障体系

随着教育改革的深化，再加上教学水平评估工作的推动，地方本科院校以传统质量保障体系为基础，进行了发展与创新，科学地建构了与高校特征相符的内部质量保证体系，以使教学质量得到提升，进而为社会培养出更多的高级专门人才。

（五）积极开展质量监控

为了加强教学质量保障，地方本科院校积极开展了全方位质量监控，不断地对本校自我评估模式进行探索与创新。地方本科院校注重收集各种质量信息以及各类基本数据，通过这些数据检测教学和人才培养的质量，并且对这些数据进行深入挖掘，使反馈通道畅通无阻，为以后工作的改进提供了事实依据。从 2012 年开始，院校按照教育部的要求，每年都将《本科教学质量报告》发布到社会上，以保障社会对教学质量进行监督。除此之外，地方本科院校还十分注重制定与落实质量改进方案，以质量问题的内容、性质等为依据，制定相关的整改措施，真正做到了出现问题有人负责、有人解决。地方本科院校逐渐形成了比较有效的教学质量保障体系，不断健全教学质量改进机制，推动了教学工作的顺利进行，保障了教学质量的持续改进。

四、教学质量保障存在的问题

虽然我国的地方本科院校都对教学质量的保障工作十分重视，但是在建设过程中依然存在很多问题，只有清楚认识并且解决这些问题，才能使教学质量得到有效的保障。

（一）忽视实践教学

地方本科院校一般都会对学科知识体系的完整性进行强调，对实践教学的重视程度严重不足。在实践教学的管理过程中，存在管理理念滞后、管理制度不健全的问题，而且所采取的管理方式与手段还是比较传统的，因此，现在十分需要建立和进一步完善各个实践教学环节的质量标准和工作规范。此外，实践教学质量的评价指标也十分不科学，相关的质量监控体系并未建立完善。在设置课程与确定教学计划时，学校优先考虑的是学科知识的完整性，注重的是理论教学的系统性，而实践教学只是依附或者服从于理论教学，还没有形成自己完整的体系。与此同时，在制定教学工作量时，学校一般都会偏向于理论课的教学，与之相对，实践教学的工作量明显减少，注重实践教学更是无处可谈。在待遇上不平等，在课程分配上不合理，严重损害了专职实践教学教师的利益，大大挫伤了他们工作的积极性，不利于实践教学的发展。

（二）缺少有效的监控措施

虽然地方本科院校开始重视对教学质量的评价与监控，但是还是不够成熟。主要表现为：重评价，轻监控，注重评价形式，不讲究评价的质量，尤其是缺少有效的监控措施。目前，地方本科院校教学质量监控与评价主要是通过听课、教学检查、学生评教等来实现的。这些方式与手段在质量控制方面发挥了一定的作用，但是还没有取得理想的效果，如大多数院校都不能完成学期内的听课任务，而且不仅听课听得少，评价的更是特别少，很少会与教师交流听课过程中的问题，更是谈不上帮助教师分析问题、解决问题等；关于学生评教制度，因为受到学生的认知和态度等因素的影响，目前评价依然存在很大的偏差。

（三）评价和监控模式缺乏特色

目前，地方本科院校评价与监控模式的建立没有结合本校的特点，而是盲目地套用普通高等教育与基础教育的评价模式。例如，对办学资质进行评价，指标和体系等十分完善，但是却没有突出专业内涵，缺乏专业的评价机构，并未建立科学的、具有自身特色的质量监控与评价体系，学校的每个部门都没有将质量监控的作用发挥出来，无法将地方本科院校的特色很好地体现出来。

（四）评价和监控系统不完整

地方本科院校的评价和监控系统还未建立科学的指标体系，依然不是十分完整。从评价的程序上来说，主要是以单一部门的评价为主，各个部门都按照自己的想法来开展工作，从而导致整体评价系统无法形成；从评价的主客体来说，评价的主体与客体的关系十分不顺，对教师进行评价时，容易忽略教师的主体地位，进而打击了教师工作的积极性，监控和评价的激励导向作用不能得到有效发挥。

（五）教学质量监控范围小

在研究型教学中，学校对教学秩序的控制比较严格，而忽视了教学与社会的联系以及对教学内容进行研究；关于教师方面，比较重视培养教师的教学理论素养，对教师的实践能力素养并没有严格的要求；关于学生方面，比较重视学生理论知识的考核，仍然没有有效的办法可以考核学生的实践操作能力。除此之外，质量评价的过程中没有社会其他行业的人员参与，对教学以及学生的评价都不够全面、多元，并没有建立起与地方院校教学特点相符合的质量评价体系。

（六）教学过程监控不平衡

地方本科院校的教学过程中还存在监控不平衡的问题，主要体现在：第一，对发现的问题没有进行及时反馈与验证，也没有采取有效的解决办法；第二，课程监控倾向于专业课程，对人文课程的监控很不全面；第三，教学监控向理论教学倾斜，不重视对实践教学的监控；第四，教师监控侧重于专职教师，忽视了对兼职教师的监控，甚至不对兼职教师进行监控；第五，侧重于对学生课业成绩的监控，对命题质量、评分标准等的监控不到位。还有一点值得特别关注，就是学校没有充分利用评价结果的纠偏功能。

（七）传统教学方式占主导地位

传统的教学方式，一般都是采用传统的评价方式对教师的授课质量进行评价，直接忽视实验或者实训基地的建设；对学生进行测评时，看重学生成绩，忽略学生的能力。这种办学方式还存在专业划分过细等问题。现在很多的地方本科院校虽然在不断进行教育改革，但是这种传统的教学方式仍然在学校教学中占据着主导地位。

第二章　地方本科院校的教学质量保障要素

地方本科院校的教学质量保障不仅要通过评估手段做好质量的自我诊断，更重要的是通过建立一套体系，使质量的生成和提高在可控范围内，形成核心竞争力，保障质量持续改进。本章分为内生要素、外生要素、驱动要素和教学质量保障体系的构成四个部分，主要包括知识转化与质量提升策略、外部质量保障体系、评价与评估、教学质量领导与管理组织系统以及教学质量目标系统等主要内容。

第一节　内生要素

一、内生要素

（一）人才培养目标

人才培养目标是指学校要培养什么样的人才。人才培养目标的阐释指标要包括人才培养的规格、知识素养、能力类别和素质培养四个方面的内容。人才培养的规格，即学校是要培养学术型人才还是要培养应用型人才；知识素养是指学生需要掌握的知识以及能够解读哪些专业的知识等专业属性；能力类别是指学生成才需要具备什么知识，学校要重点培养哪些方面的能力；素质培养是指学生要具备哪些方面的素质。

（二）管理取向

管理取向是指学校的教育教学以及管理等活动的制度规定、行为规范、价值取向，是理念层、目标层在教学、管理活动上的落实和体现。一些学校制定了清晰完善的规章制度，但是没有实际的执行能力，就不能保证这些制度的执行。面对这些问题，一些学校采用加强管理培训和人事调动的方式解决，但是这些问题不能得到根本性的解决，不能产生较强的文化影响力。从根本上解决这些问题还需要保证执行力度。

（三）类型与层次

学校的类型与层次定位是对学校的学生学历层次、学科取向、职业导向、办学模式以及学校的形象、特色、规模等进行判断和选择。学校的类型和层次确认是对学校的身份的确认，也是对学校的声誉的确认。一些学校为了获得良好的声誉，脱离实际情况，盲目提高学校的层次定位，这实际上是一种无效定位。对于学校的发展来说，并不是学校的层次越高、学校的办学规模越大越好，而是学校要根据社会的发展需求调整自身的专业设置，使学校具有核心竞争力，这是学校发展的根本。

（四）服务区域

学校的服务区域定位是指学校在人才培养、科学研究等方面的服务范围、服务行业、服务层面以及服务对象的定位。学校要分析其所在的服务领域的产业结构和产业规模。这和学校培养人才的就业范围、就业层面有直接性关系。人才供需出现矛盾是结构性失业的一个主要原因，其根本原因是学校的定位不科学。

二、知识转化与质量提升策略

对教学质量产生影响的众多因素中，教师是保障主体的关键因素，学生是影响教学质量的根本因素，二者的作用都非常重要。从质量生成环节看，教学与学习共同作用促进质量的生成，管理者为质量生成提供资源支持和环境保障。

（一）知识转化与教师教学

高质量的本科院校需要有高水平的教师。教师的教学理念、教学行为和教学学校会受到教师的教学观念、学习观念的影响。换句话说，本科院校要将其办学理念转变为人格化的理念首先需要转变教师的观念。

哈佛大学哈佛学院前院长哈瑞·刘易斯认为大学不仅是一个学习的场所，还是一个培养学生的学习能力的场所，学生要通过大学教育学会提出问题，学生的创新思维要得到培养，学生还要通过大学教育获得智慧而不是要获得知识。哈利勒等人曾经开展过一项调查研究，调查对象是一所大学的 11 780 名学生，这项调查为期两年，这项调查发现了影响教师教学质量的决定因素，并根据这些因素分析了学生对教学的总体满意程度。

这项调查的结果是课程结构和教学过程、学习时间、学习成绩、投入这些因素都会影响教师教学的质量。其中，课程结构和教学过程对教学质量的影响达到44.66%，学习时间对教学质量的影响达到5.84%，学习成绩对教学质量的影响达到5.35%，投入对教学质量的影响达到4.39%。

这项调查的最终结果是本科院校为提高教学质量，需要注重教学过程和课程结构的质量。卡罗尔认为，学习效果受到学习环境的影响，学习环境又会受到教学质量和学习机会的影响。

杰奎琳·道格拉斯等人曾开展一项研究，分析对学生满意度的影响因素。这项研究的结果显示，对学生满意度的影响因素中物质方面提供的服务这一因素的影响不大，课堂教学的质量对学生满意度的影响最大。课堂教学的质量是学生的学习过程中最重要的环节。

巴奈特和达塔等人的研究认为课堂教学是学校的核心服务方式，学校的教学质量会受到课堂教学质量的直接影响。学生非常看重学校的课堂教学质量，重点关注课堂教学中包含的知识和技能、教学内容的深度和广度、教师对学生的学习结果的反馈等。其研究还得出结论：学生对讲课教师具有忠诚度，其主要表现是学生之间会相互推荐自己认为教学质量好的课程，学生还会选择自己喜欢的老师开设的其他课程，并且在同学之间相互推荐。

保障教学质量的过程中，学校需要对教师在教学中的能力和作用进行全面的评价，具体分为知识、教学、指导、评价四个方面，这四个方面集中表现了教师的知识结构和教学能力。

（二）灵活卓越的教学能力

对于教师的教学能力的评价主要有两条标准，分别是教师的教学是否生动活泼、教师的讲授是否逻辑清晰。胡塞尔非常注重直观性，他认为教学的最根本的出发点就是直观性。直观性也是教学原则的首要原则。直观性对于知识的形成、知识点的发展和知识的转化有重要影响。在直观性的基础上建立的知识结构是非常鲜明的，这会将知识与现实事物连接起来，并且关系到教育的核心问题。

本科院校教授的知识的主要形式是文本的形式，在教学中需要将知识之间的逻辑关系表达清楚，这既要使学生明白知识之间的关系，还要使学生建立起知识结构，这样能够促进知识之间的转化。换句话说，建立知识之间的联系和形成知识结构是教学的关键。

现阶段很多专家学者要求改革教学方法，教学方法的改革关系着教学质量，教学方法是提高教学质量的关键因素，本科院校的教学方法改革是提高本科院校的教学质量的必然要求。

有专家认为，教学方法的改革的本质是改变教师的教学习惯，这会增大教师的教学工作。现阶段本科院校的教师的主要问题是教授知识时照本宣科，直接向学生讲授知识，而不是建立知识之间的联系。本体论决定方法论，知识的存在状态决定了方法的选择。本科院校教学方法的改革需要学生建立起知识之间的联系，这是一种高效的教学方式。这是由于这种教学方式能够促进知识之间的转化。在实际的教学活动中，教师可以采用启发式、讨论式、实验法、小组合作学习法等教学方式，根据实际需要选择合适的教学方式。

（三）立体互联的知识结构

本科院校的教师的知识结构需要包括系统化、鲜活性和新颖性三个特点。这三个特点也是评价教师的知识结构的标准。在教学活动中，教师的知识结构的系统性的具体体现是教师能够对其所讲授的内容进行延伸，将一个知识点与其他知识点相互联系，但是又不牵强附会，能够做到逻辑清晰，使学生较好地理解这些知识。

在实际的教学活动中，教师的知识结构的鲜活性的具体体现是将其所讲授的知识点和自然界、人类社会、人类心理等发生联系，能够使用知识点解释自然现象、社会问题、心理特点等，即向学生展示知识的现实价值，使知识和社会实践之间产生一些联系。

在实际的教学活动中，教师的知识结构的新颖性的具体体现是教师要及时了解其所在学科领域的前沿知识和科研动态，在自己的教学过程中要不断实践拓展、实践创新，这会使学生的学习信念更加坚定，提高学生的学习热情，从而使其讲授的知识更容易被学生掌握。

使用现象学的知识分析知识结构可以还原知识结构。知识是在自然界、人类社会、科学实验中产生的。知识的获得有三种渠道：一是文本解读；二是自然（自在自然、人化自然）；三是观察实践（生产实践、社会实践、科学实验）。其中，在自然观察和科学实验中获得的知识通常具有鲜活性和新颖性的特点。在文本解读中获得的知识如果不能在自然界和科学实验中将其再现出来，就只能对其进行逻辑解释。这种逻辑解释需要以知识之间的联系为基础，对知识进行逻辑解释会使知识形成系统性，从而建立起知识结构。系统性的知识结构中的路径之间的联系是通过节点或组块实现的。这些节点或组块会吸收学生新掌握的知识，或是新掌握的知识形成新的节点或组块。

知识积累总量不断扩大，知识的节点和组块之间的联系路径也在不断增多，从而形式更大的知识组块，其功能也会更多，即“生成性话题”，从而促进学生对知识的理解。

生成性话题的一个重要特征是将某个学科作为核心。生成性话题使学生能够获得必要的技能和理解，以进一步从事该领域更为复杂的工作。在此基础上形成的知识结构会发展为知识网络，从而为学生转变学习视角、转变思维、分析问题提供了知识基础，从而使学生的思维更加敏捷、逻辑性更强。

（四）切中肯綮的学生评价

在教学过程中，学生对学习效果的评价非常重要，但在实际的教学过程中，教师往往不注重这个问题，使学生不能明确地把握这个问题，学生不清楚怎样提出问题。事实上，这种评价是一种没有实际作用的评价。这是由于这种评价是将教师的认识程度作为标准，而不是将学生作为标准。这种评价方式只能评价比较简单的学习过程，不能评价复杂的学习过程。

对于复杂的教学过程和教学问题，学生要进行层次性的教学质量评价，这种评价可以学习 SOLO（Structure of the Observed Learning Outcome，可观察的学习成果结构）分类理论。

这个分类理论借助于问题解决的条件、线索与给出的相关素材的交织方式判断 SOLO 层次，将其分为前结构、单点结构、多点结构、关联结构和抽象扩展结构五个层次，各 SOLO 层次与能力层次、思维操作方式的一些重要特点相对应。能力层次指的是不同的 SOLO 层次的问题解决所需的记忆容量或注意广度能否建立联系及联系密度和交叉度。思维操作方式是指把线索和回答联系起来的方式。

这种层次性的教学质量评价方法也应该让学生知晓，学生知道评价的依据、来源，就能够自我评估自己的学习效果，知晓知识转化的程度。这是一种提高问题解决能力的方法，有利于知识构建信念的形成，使学生明明白白学习，明明白白思维，丰富自我知识，培养自我效能感。

（五）醍醐灌顶的学生指导

学生应独立完成教师指导的评价。通常来说，教师会为特定的问题和特定的学生提供指导，这种指导的效果比课堂教学活动的效果要好。这种指导的前提条件是教师和学生都要掌握问题的本质，即分析问题是属于情境（条件）问题，还是属于知识逻辑路径问题。

情境（条件）问题的主要原因是不能清晰地掌握核心概念，就是需要向学生阐释知识的内涵、知识的外延，从而使学生掌握知识节点和知识之间的联系。在本科教育阶段，学生要能够将抽象的知识转变为实际的事例，这就需要掌握知识的外延。知识逻辑路径问题的主要原因是学生没有掌握核心原理，这就需要教师对学生的知识的细节进行辅导。换句话说，教师要向学生介绍分析问题的方法，这种方式的本质是将细节知识系统化和条理化。本科教育的最主要的任务是培养学生的思维能力，使学生形成正确的思维方式。

此外，还有一种复杂的问题是学生的混沌问题，即不能把握问题的实质，不能明确地提出问题，不能准确地描述自己需要解决的问题，换句话说，学生不能清晰地界定问题。面对这类问题，教师需要帮助学生梳理问题。混沌问题的实质是意义弥散漂移，教师要帮助学生从概念到概念的外延逐渐排查问题，从而把握问题的核心，进而帮助学生解决问题。

三、知识转化与学生思维

知识的转化需要思维的参与。在本科教育期间，学生不仅要掌握已经学习到的知识，还要提升自己的判断力。学生需要掌握能够独立解决问题的能力，能够从不同的角度看待问题、解决问题。

（一）树立批判性思维信念

学生首先要成为批判性思维者，其次要成为知识建构者。学生要具有发现事物内在逻辑的能力，在此基础上形成对事物的判断标准，从而对一些问题做出判断，并且对一些问题和现象进行批判。学生要在学习过程中不断强化这种学习方式，从而建立起具有理性特点的知识结构，使其具有清晰的逻辑，换句话说，这样的知识具有活性从而更具有能力。形成批判性思维需要做到以下几点。

1. 分析

分析是对复杂的知识体系进行分解，找出知识体系的各部分之间的联系，对其之间的因果关系进行解释，从而分析出事物的本质。面对本科教育中的知识主体——文本知识，最重要的是分析知识整体中的重要内容和不重要内容，找出这些知识中的核心概念以及在文本中的下位概念或子概念，分析这些概念之间的联系，从而形成系统性的联系。

面对实践及观察事实与现象，学生需要将表象、流程概念化、原理化，将实践与理论结合在一起，在这个过程中，进行深入分析的关键是对概念和原理进行定位。在分析概念时，学生要分析出概念的关键特征和特征之间的关系。在这个分析过程中，文本知识、实践知识都有一个清晰的定位，从而为分析它们之间的关系、建立知识体系提供基础。经过这些训练之后，学生会在已经掌握的知识的基础上形成节点，有利于分析问题。

2. 评价

评价是对分析结果进行理性反思，是对事物本质的价值做出判断。这种价值在知识体系的内在的逻辑联系、外在的事实勾连中都有体现。评价的意义是学生要对自己分析的事物有充足的信息，既要形成分析问题的思路，又要正确认识事物的价值。分析能够阐释知识的力量，评价则能够阐释应用知识和知识转化的信念力量。评价能够使学生的学习活动更加清晰，对知识之间的联系有更加清楚的认识。

此外，评价能够调节死记硬背、生搬硬套的学习方式的副作用，对于需要记忆的知识，学生不能为了应付考试而对其进行记忆，需要根据知识之间的逻辑和知识与现实事物之间的联系进行分析和记忆。换句话说，学生要对需要记忆的知识进行评价，分析其价值。

3. 重建

（1）构建知识结构

借助于评价，学生能对知识之间的联系进行分析，分类和归纳已经掌握的知识，不断完善自己的知识结构，从而提高自己对知识的理解能力，形成自身独特的知识结构，从而实现知识转化。这种知识的重建具有相对性。学生的理解能力是有限的，有一些知识不能被学生理解，学生会根据自己的主观观点评价客观现实，会受到自身的局限性的限制。

（2）构建自己的观点

学生在发现自己的问题或确立发展目标后，要对目标进行分解，根据目标的要求，完成目标需要的知识，然后在相关知识的基础上用逻辑思维对其进行整合，从而建立起自己的观点。

（二）掌握思维原理

问题是思考的原点，一个优秀的思考者必然是一个优秀的提问者，具有敏锐的问题意识。如果想要从所学知识中真正获益，就不能只是按照课堂教学方法所要求的去做，必须掌握一套思维技能，学会有效提问，引导、激发自身有条不紊地思考所学知识，并将其灵活应用于思想和生活中。

无论学习什么知识，都需要学会思考，这个常识说明了知识是思考的对象。思维的推进需要调动自身的知识储备，通过概念、原理与现象的耦合得以实现，在此，知识又被认为是思维的载体。但是，还有一个更重要的思维现实是：为获取全面、客观的认识，对某个问题的思考，常常从多角度来审视，变换视角，甚至多学科知识交叉利用。也就是说，思考的前提或假设发生了转换，思维的逻辑也就随之不同，结论自然不同。所以，从思维的视角分析，某种知识隐含着某种思维方式。“要具备深刻思想，首要也是最重要的观点就是：最终看来，大学课堂里和课本上所传授的一切知识都不过是对特定事物的特定认识方法。”这种知识的思维观，把知识转化为一种思维方式，对知识进行整体思考，甚至将其看作一个思想体系，死记硬背，摒弃了逻辑思维的参与，难以形成深层次的知识结构，不可能有智力飞跃。知识的思维观有三层要义。

其一，知识是相互联系的。对于该项的自我评价，学生可以针对所学课程，画一张知识结构图表，显示该课程的各个基本概念之间的关系，用自己理解的语言解释每个概念是如何与其他概念相联系的。对于一些重要的原理和结论，写出其应用条件和范围。只要是重要原理，都是对事物在某种条件下的规律性反映，能够在一定条件下揭示事物存在、变化的规律。教师总结的知识结构图式，学生如果不能理解其间的联系与条件，是难以将其纳入自身的知识结构中的。在调研中，很多学生不能将所学课程中的某些概念、原理联结起来，那就很难指望学生用该课程知识来思考和解释问题，所学的知识仅仅是知识，不能支持思维，难以应用到实践。

其二，所有知识都是由概念组织联结的。该要义突出知识节点，隐含着重要的学习方法——找出核心概念。学习不只可以循序渐进，还可以是跨越式的，构建核心概念之间的联系，自成体系。这种建构必然存在大量问题，要求学生必然采用研究性、发现性的学习方式，讨论、教师指导必不可少，这是一种高质量的学习方式。

其三，课程逻辑是对特定问题的解答模式。每种课程知识都有自己的核心概念和关键原理，这是问题研究选择视角的客观基础。这些特殊术语和表达逻辑形成了课程学习和问题研究的特殊思维范式。这也就是上文所分析的专业研究范式，它能够促使学生的学习和思考专业化、深刻化。

对任何事物、问题的思考，首先都要明确其目的，因为目的影响提出问题的方式，提出问题的方式影响收集信息的类别，占有的信息决定解释它们的方式，解释方式决定如何使其形成概念，概念化的方式影响据此做出的假设，假设决定推理应有的含义，含义决定看问题的方式，也就是观点。

其一，有目的的思考。思考都有目的，有时不一定意识到，或者有些模糊，必须使目的明朗化。这样，为了达到这个目的，需要做什么事，应该怎么去做，问题自然就来了。目标不同，问题指向自然也不同。

其二，概念思考。有意识地将现象、事物概念化，只有当对一件事情形成概念时，才可能思考它，这样才能将事物与思维纳入一个网络。感官意识向概念意识的递升，是思维深入的开始。批判性思维者的一个基本能力就是懂得如何透过现象抓住本质。

其三，评估信息。要进行推理思考，就需要借助论据、数据、经验等。提出的问题决定了材料收集的方向，要养成探究事物之间内部逻辑关系的习惯，对材料进行去伪存真、去粗存精，对信息按专题进行分类整理。

其四，区分推论和假设。推论是在假设的基础上通过推理得来的，人们常常把自己相信的、认为正确的东西作为假设前提，它是我们自身信念体系的一部分，假设不同，结论自然不同。要明晰逻辑思维路径，就要清楚其中的假设前提和推论。增强批判性思维能力的一个重要途径就是将自身思想中潜意识的部分提升到意识层面，包括确认和重建自己得出的推论，作为假设前提进行推理，这有利于从新的视角思考问题，更有助于过滤、整理自身的积累，保留有价值的信息。在专业学习中，每一种假设前提都源于对基本概念和原理的理解，得出的正确推论可以作为以后推理的假设，拓宽自己的眼界，积累经验。

其五，识别观点。大多数学生不知道如何清楚地确认自己和他人的观点，往往在让他们解释或确认自己的观点时，多数学生开始讲述自己想到的东西，而不是观点。一个人要掌握观点，就要练习把它呈现出来、表达出来。我们能够越多地识别自己和别人在思考中所使用的观点，能够越多地运用观点去思考，就能更有效地在思考中使用观点。

第二节　外生要素

一、国家和社会需要的实质

国家和社会需要高校培养人才，在这些人才需求的背后，被期待的逻辑却不同，社会需要将知识转化为财富的人才，而国家需要将财富转化为力量的人才。纵观世界各国高等教育的发展，高校在适应国家和社会需要的过程中，这种适应轨迹又因具体国情的不同而出现分野：在欧美国家，高校因奉行自治与自由的核心价值观，按照高校自身的发展逻辑，需要吸纳社会资源和社会力量参与自身发展而主动适应社会和国家的发展需求，但是这种适应对学校来说是第二位的，是服从于高校的自主发展的；而在我国，由于自治和自由的办学理念相对薄弱，高校更多的是围绕高层教育行政指令做出发展战略调整，适应政府需要是第一位的，其发展逻辑基本是被动的，“拨一拨转一转”的痕迹非常明显。

《国家中长期教育改革和发展规划纲要（2010—2020年）》中指出：“高校要牢固树立主动为社会服务的意识，全方位开展服务。”这本来是高校自身的第三项职能：服务社会。这是高校自身发展的需要，也是地方高校做强的必由路径。美国硅谷的形成，起初就是因为斯坦福大学师生的一些研究成果与社会的风险投资基金合作产生了巨大的社会效益和经济效益。这种产学研合作模式得以风靡全球，进而被世界各国高校所借鉴，包括比尔·盖茨的微软的形成也是遵循了这个发展逻辑，当然其壮大的资金来源不仅有风险投资基金，还有一部分家族资源参与。但是，它们发展起来的逻辑基本上是先有科研成果，然后寻找市场，最后将研究成果转化为经济效益。后来，各国的产学研合作更多的是高校以申请横向课题的模式与企事业单位进行合作研发，是一种先有市场需求，后有适应需求的科研成果的模式。

二、外部质量保障体系

外生要素催生外部质量保障，满足国家和社会需求需要一套相应的制度以及机制来体现政府和社会的意志，相应地催生了外部质量保障。尤其是中国，在高校自治和自由办学理念相对薄弱的背景下，外部质量保障在一定程度上直接规约甚至决定了内部质量保障的方向，在运作上自然形成了一套质量保障机制，这套机制影响着高校的质量保障理念和价值倾向，左右着高校对教学质量评估制度的深度理解。

（一）高等教育外部质量保障体系的特点

从存在环境和服务需求分析，外部保障体系应该包括两方面：一是政府主导的评估，反映国家意志和需求，由国家机构领导，依据国家颁布的制度和评估条例对高校进行外部质量评估；二是市场主导的评估，体现社会和市场的需求，防止高等教育发展自弹自唱，脱离社会和市场发展需求，一般由官方授权成立的社会、民间评估机构对高校进行外部质量评估。对高等教育质量的满意度的评估，被称为第三方评估。因各国的国情和高等教育发展历程不同，各国高等教育外部质量保障体系具有各自不同的特点。

（二）英美高等教育外部质量保障体系的特点

1. 美国高等教育外部质量保障体系的特点

美国是民间质量保障机构模式的典型代表。高等教育质量保障的主体体系包括美国民间的院校、专业评估认证机构，以及具有协调管理功能的高等教育鉴定委员会。

美国高等教育的评估认证机构通常是高等院校和专业学会建立的一种民间组织，因为评估对象不同，可以将其分为院校鉴定机构和专业鉴定机构。政府会对这些机构提供支持，但这些机构不会受到政府的限制，它们是依法建立、以多样形式为特征的高等教育评估认证中介机构。这些机构的运营会受到高等教育鉴定委员会的管理和监督，在其指导下开展工作。

对于美国中介性认证机构，就组织结构来说，其组成通常包括高等教育协会、高等学校以及社会各界代表组成的会员制的中介组织，这是一种志愿组织。高等教育评估活动则是一种志愿活动，其志愿性主要体现在：①美国高等教育评估组织由各类学校自发联合组成，不会受到政府、社会组织等外部力量的干涉。②本科院校或相关专业志愿参与评估活动，认证组织不会在学校未申请的情况下对其进行评估。

认证机构和办学机构需要承担的责任和拥有的权利是在自愿成立的组织的协调下产生的，没有强制性。其中认证机构的责任包括借助于鉴定活动沟通各个高校、高校与社会、高校与专门行业。申请参与评估活动的高校的声誉、生源和经济收入会受到认证机构对高等教育的鉴定结果的影响。美国的高等院校通常都会申请参与这一活动的认证。

因此，这种机构的社会影响力非常大。美国联邦教育部和各州教育主管部门不能管理本科院校的评估机构，这些部门之间相互平等，不存在控制与被控制的关系，它们共同促进教学质量的提高。

2. 英国高等教育外部质量保障体系的特点

英国高等教育外部质量保障体系是介于官方和民间的质量保障机构模式的典型代表。英国高等教育外部质量保障体系包括：英国高等教育质量保障署、高等教育基金委员会和科研评估组。高等教育基金委员会会为校外评估活动提供经济支持，英国高等教育质量保障署和科研评估组会评估高等院校的学术活动和科学研究活动。英国的这种评估活动不是对高等院校的教学质量进行直接评价，而是评价高等院校的质量保障是否有效。

英国高等教育质量保障署的具体职责是与高等教育拨款机构、教师、学生、雇主等合作，保证学生和市民的利益不受侵害，保证学术研究的标准和教学质量；帮助学生和雇主理解学术标准，为其提供高等教育的信息，为制定公共政策提供支持；保证高等教育标准的提高；帮助社会公正理解高等教育的质量，包括对相关参照标准的了解、对其他欧洲国家和国际惯例的了解等。

英国高等教育质量保障署的质量保障工作一般由非政府人员负责，政府主要负责政策的制定和拨款金额的限制，不会参加到其实际工作的运营中。但是政府会简单参与对高等教育的管理。

（三）我国高等教育外部质量保障体系的特点

我国形成了“五位一体”评估制度，即以学校自我评估为基础，以审核评估、专业认证及评估、国际评估和教学基本状态数据常态监测为主要内容，政府、学校、专门机构和社会多元评估相结合的教学评估制度。尤其是院校审核评估、专业认证评估，由学校自愿提出申请参与，赋予了学校较大的自主权，客观上激励了高校重视自我评估、提升教育教学质量，是较大的制度创新。

我国高等教育外部质量保障体系是官方质量保障机构模式的典型代表，政府是高校的建设者、管理者以及评价者，其组织模式是教育部制定政策，评估中心负责组织实施，强调各级政府教育主管部门在教育评估中的组织、领导作用。该体系的缺陷是导致第三方评估式微，难以得到认同。而且由于该体系的主体权威性，评估结果对高校的声誉、资源获取具有决定性作用，导致高校对评估结果过度关注，一些造假行为和公关行为难以禁止，评估结果一定程度上存在搞利益平衡的现象。

教育部代表国家提供有关学术标准和高等教育质量的信息，并组织对各高校的评估和认证活动，且在某些质量工程项目上，根据评估数据有选择性地对高校拨款资助。在综合性评估中，教育部与高校体现了一种有限合作关系：评估标准是在听取各高校意见的基础上综合制定的，由学校自愿申请参与评估，鼓励和尊重学校的创建特色。但在一些质量工程专项评估中，则反映了教育部对高校的间接控制，出现“跑部钱进”的现象。

通过对英、美、中三国的高等教育外部质量保障体系的比较可见，英、美虽然主体构成不同，但有一个共同特点就是重视高校自身积极性和主动性的发挥，通过外部保障激励、刺激高校对外界做出反应。我国的“五位一体”评估制度改革借鉴了其优点，以高校自我评估为基础，尤其是近年来的审核评估，与英国高等教育的外部质量保障异曲同工，重视评估高校内部质量保障框架的有效性，激活高校质量保障意识，同时专业认证及评估、国际评估又为高校追求卓越、走向世界树立了质量发展标杆，促使高校根据自身情况制定发展规划。

基于认识论的高等教育哲学观认为，大学存在的一个重要基础是研究、传授高深学问。在此过程中，大学是一个“按照自身规律发展的独立的有机体”，它遵循学术发展的逻辑，代表高校内部管理的需求，外部需求在尊重内部管理需求的基础上才能得以满足，因为如果本科教育与社会相互融合，本科教育的发展既需要专业知识的支撑也需要研究方面的支撑。实践证明，这两个方面相互融合会促进这两个方面的共同发展。高深学问的研究与应用就是内外部质量保障的契合点，该契合点在高校规划尤其是地方高校的规划中，最明智的选择就是围绕校企合作、产教融合进行知识选择和专业规划，重视价值依附和资源吸纳，进行知识—能力—财富的转化探索。

第三节　驱动要素

一、评价与评估

（一）评价与评估的关系

评估结论主要是判断评估对象的状态。这种判断需要以评估技术水平、经济发展情况、科学发展水平为基础，从而保证评估结果的科学性，进而为其他部门提供参考依据。

简而言之，评价必须要经过评估过程，评估需要对事物的价值或状态进行分析说明。评估的本质是事实判断，评价的本质是价值判断。评估是为掌握事实，按照标准对此事实进行价值判断，即为评价。因为评估活动一般都要形成评估报告，包括评估结论，在此背景下，评价与评估从确定性程度上来讲并没有什么原则上的区别，两者都是基于衡量某一特定对象的质量、特征、价值等标准而做出的一个评判的过程及结果，所以常常混淆使用。但是具体到参与主体维度上，评价和评估是有明显区别的，如学校、教师乃至学生都可以对自身工作和学习进行评估，清楚自身在做什么、做了什么、怎么做的；而对自身工作、学习进行评价，就需要对照相应的标准，来判断做得怎么样以及为什么要做。

（二）评价的作用机理

库巴在《第四代评价理论》中提出："评价就是对被评事物赋予价值，它本质上是一种心理建构，评价描述的并不是事物真正的、客观的状态，而是参与评价的人或团体关于评价对象的一种主观性认识，是一种通过'协商'而形成的'共同的心理建构'。"由此分析，评价的本质是共同建构价值标准，为评估活动的开展提供标准依据。评价涉及各利益相关者，价值多元是评价必然要回应的首要问题，为正确回应各利益相关者的心理诉求，需要评价者贴近其工作环境，在自然情境下收集各种信息，梳理出其在不同环境中的需求和期望，运用协商的方式，求同存异，引导他们达成共识。

众所周知，评价的核心是标准问题，标准的核心是定位问题，定位的关键是评价理念问题。我国传统的评价理念是：我好不好不能自己说了算，别人说我好，我才是好。这种理念反映了文化不自信，其结果是不敢凸显特色，导致办学趋同化。针对教学质量评价，有一个上位的质量标准，即教育部在教学合格评估中制定的标准，各学校需要对照标准进行建设和改进，达到合格水平后，就该进入个性（特色）发展阶段。

在教育部没有统一标准的前提下，各学校应在考虑政府、用人单位、教师、学生诉求的基础上，制定自身的质量标准；也就是说，需要转变评价理念：我好不好，我自己说了算。当然，不是自说自话，而是有根据、有条件地证明自身的教学质量水平。教育部推行的审核评估关注的重点是院校内部质量保障机制的有效性，它不直接评审质量，但其调查质量程序与所陈述目标的适切性、实际质量活动与计划的符合度以及活动对于实现所陈述目标的有效性。审核评估客观上督促学校转变评价理念，这种转变在根本上促使学校重视目标和标准的制定，严格监控目标和标准的落实与执行，从根本上培养质量自觉，提高质量自信，促进学校建立自身的质量正循环体系。

评价能够使其评价的对象发生翻天覆地的变化，但要使其发生变化还需要坚持核心价值观，比如说系统收集与学习成效相关的数据与信息、改进学生的学习成效等，对于质量产生的关键环节，只靠外部评估难以全面、恰当地做出评判，学校自身的评价必须成为学校文化不可分割的一部分。科学的评价包括评价的技巧、过程，还包括评价的结果；从根本上讲，评价是一个文化问题，评价会对教师对自己从事的工作的看法以及教师对学生的责任产生影响。需要注意到的是，即使是在以本科教学为办学重心的学校中，评价文化一般都尚未发展成常规性的行为，它的成长还需要不断地呵护和支持。

一项有生命力的评价规划要求教师突破学科和系科的藩篱，从整体的角度看待学生的学习，共同承担起实现学校教育规划的责任。在现在的高等院校中，这种责任既不容易被激发起来，也不容易维持下去。然而，成功的评价运动能够使教师和学生都受益无穷。

（三）评估的作用机理与质量保障逻辑

评估是指依据某种目标、标准、技术或手段，收集所需资料和数据的过程。有人对评估做了进一步延伸，即对资料和数据进行分析、研究和解释，并判断其效果和价值的过程。评估报告则是在此基础上形成的书面材料，对方案进行评估和论证，以决定是否采纳。评估的关键是要审核评估方案是否科学、符合实际。评估隐含着价值期待，隐含着要指导的阶段工作的成效如何。评估项目的设定相应地映射着指标的标准，在对照标准的基础上得出的结论即成为评价结果。因此，评估的特征是就事论事与实事求是。作假的评估很容易被指认。

“五位一体”评估制度内在地体现了教学质量保障逻辑，是高校教学质量保障的一种重要驱动力量。作为一个整体，基于质量生成视角，五种制度设计功能不同，其对学校教学质量保障所起的作用以及价值也有所不同：作为具有高级要求的周期性审核评估和专业认证评估，其更多的是对学校的一种肯定，不仅有利于提高学校声誉，而且专业认证可有力助推学校走向国际评估，是学校质量保障努力的目标，但它们很明显是以学校自我评估为基础的，是学校在对本校教育教学质量有了一个基本的判断以后的一种必然选择，是自我评估后的一种质量自信，对质量保障目标的异质跨越、对学校质量保障工作具有极强的鞭策、激励作用。而教学基本状态数据监测作为学校的一项经常性工作，一般以学年为周期单位采集信息，本身就属于自我评估信息采集的一部分，因其具有全面和可独立运作的机制而单独作为一种质量检测手段，其数据作为自我评估分析的一项依据，对质量生成和质量提高本身没有直接作用，但是可以反映学校一个时期的质量状况和支持质量的资源配置状况。

教育部“五位一体”评估制度的发布“第一次真正将学校的自我评估作为评估制度的基础性、前提性的主体工作内容”，将评估的选择权和自主权让渡给学校，进一步突出学校的自主性，各种形式的评估都是建立在学校自我评估的基础上的。自我评估作为能够直接切入教学及管理过程、提高教学质量的手段，是教学质量保障的核心驱动因素，能发挥自我诊断、自我改进和自我提高的作用，学校可以根据自身的教学实际，有针对性地选择自我评估项目，发挥自身的主体性、自觉性和创造性。

以往的评估倾向于通过专家审查来落实管理要求，通过专家的评判来增加评估结论的权威性，这是“我好不好不能自己说了算，别人说我好，我才是好”的评价理念在作祟。问题是这种评估总是把评估对象排除在外，使得评估者和评估对象之间形成紧张对立的关系，评估对象以“通过检查”的目的来应对评估，对事实有所夸张、有所隐藏，甚至弄虚作假、投其所好，以至于一提到评估，教师就有一种对立情绪，就认为是自己“被检查，被找碴”。而自我评估则强调学校的主体性，重视评估对象的参与和意见申诉，更看重通过同行、同事之间的交流来提供专业支持，通过信息和事实判断，以共同认可的事实为载体进行相互交流、共同建构。审视自我评估过程，自我评估的方案、程序、标准、工具等安排向评估对象公开，考虑他们的想法和顾虑，吸收其合理化建议并加以改进，使其清楚自我评估是帮助他们自我改进和提升的一种助力，尽可能避免自我评估中的定位偏差、角色错位和价值扭曲。

二、自我评估与质量改进

评估行为的求真性特征使得评估成为质量保障的基础手段。为深入开展评估工作，各学校建立了教学基本状态数据库，方便评估教学所需的基本事实情况的获取。作为自我评估的一部分，教学基本状态数据库为管理者掌握学校的基本状况和调整改进方向提供了参考，但是对于教师和学生这一对教学质量产生的主体来说，并不能促进其提高教学质量和学习质量。教与学都需要遵循一定的逻辑对自身进行评估，认清事实，发现差距，以利改进。为此，首先要树立正确的自我评估理念。

（一）自我评估的理念：回归教学生活

自我评估弥补了外部主体评估的不足，重点监测质量生成环节，立足于对自身工作的监测、分析和判断，贴近教、学、管工作实际。其目的是培养本科院校的各个部门和教职员工的反思精神和批判精神。

自我评估的实质是发展性评估，关系到本科院校和院校内部成员的发展。自我评估因可以根据发展阶段和实际情况不同而自行选择评估项目、方式及内容，使质量生成、问题发现与分析更贴近教学实际，充分体现了以高校自主发展为前提和目标。纵观欧美高等教育质量保障体系，其主体性主要体现在大学的自我约束和监控体制上，其质量保障的关键并非依赖外部对院校质量进行评估以实现保障质量的目的，而是评估院校内部质量保障体系的有效性，促进院校自身保障质量的提高。一般认为，自我评估有三大理念支柱。

1. 以问题改进为导向

自我评估是高校内部质量保障工作的基石，现在各高校都在进行内部质量保障建设工作，围绕保障体系的建立，相关工作开展都需要通过自我评估获取第一手资料，发现问题，提出改进意见，并针对学校工作实际，确定某个时期的工作重点，确定自我评估考察要素，进入有选择性地自我评估的良性循环过程。这在客观上有利于培养质量意识，落实持续改进的工作理念。这种以问题—改进为导向的自我评估理念，其实质是通过评估获得数据、调查资料、现场事实，对照学校的有关要求、标准以及教育教学基本常识，判断其是否存在问题，将原始资料和问题诊断一并通报给评估对象，听取其对该评估的解释、申述及观点。自我评估以共同探讨和探索改进为根本目的，但只要评估对象认可事实及问题，就应该相应地针对问题进行整改，避免形式主义。从工作推进逻辑来分析，自我评估遵循的是“事实是什么，问题在哪里，应该怎么办”的逻辑，是一种基于认识自我、谋求改进的制度安排；而审核评估遵循的是“目标怎么样，事实是什么，事实与目标的符合度”的逻辑，重视事实核查，是一种帮助发现、帮助建设的制度安排；专业认证及评估遵循的是“标准是什么（校方、评估专家），举证达成标准要求（校方），判定达成标准要求（评估专家）”的逻辑，本质上是一种合格评估，是一种资格赋予的制度安排。以问题—改进为导向的自我评估在制度设计、评估工作开展、评估后续工作安排等方面都更加有利于教学质量的持续改进。自我评估关注工作推进过程中的问题发现与改进，重视质量监测、知识增值和价值提升，尤其是形成性自我评估，弱化结果排名，重视事实判断和问题分析，很好地抑制了质量投机行为的发生。

2. 以学生为中心

首先，以学生为中心是由高校的使命和职能所决定的。人才培养是高校的第一职能，高校通过向社会输送高素质人才来实现服务社会、服务区域经济发展的办学宗旨。自我评估总体框架设计要针对学校办学目标与社会发展需求的契合度、人才培养规格的达成度，以使自己获取相关资料和数据，检验自身是否达成目标。其次，以学生为中心是高校不断进取、追求卓越的必然选择。高校通过合格评估后要想做强，获得更多的外部支持，必然要选择参与审核评估和专业认证及评估之路。而审核评估关注的重点是院校内部质量保障机制的有效性，学校必须提供资料、数据来证明实际质量活动与计划的符合度以及活动对于实现所陈述目标的有效性，而学生又是教学活动的主体，是教学质量的体现者，自我评估必须围绕学生的学习需要是否得以满足、学生的素质是否得以提高而展开。专业认证及评估的第一核心理念就是以学生为中心，关注全体学生，而非少数学生的“标志性成果”；评估焦点是对学生表现的评价、对培养规格与培养目标达成度的评价，必须分解为对学生整个学习过程的全程跟踪与进程式评估，并通过记录行程性评价的过程和效果，证明学生能力的达成。这些必须通过经常性自我评估才能完成。

3. 以教师发展为重点

高等教育质量的改进还是要取决于教学的实施。西奥多·马奇思认为评价不能提高本科院校的教学质量，要提高学校的教学质量需要将教学改革和评价结合在一起，使其共同发挥作用。

作为课程改革和教学的执行者，教师理应成为自我评估的重点对象。对教师进行评估首先要使其回答四个问题：一是期待学生获得怎样的学习成果；二是期待学生获得这样的学习成果的原因；三是如何帮助学生取得这些学习成果；四是怎样确定学生是否已经取得这些成果。

这四个问题成为制订评估方案的出发点，相关的目标分解、标准制定、评估项目设置、评估要点、评估结论有机地形成一个体系，较好地体现了以学生为中心，能够有力地促进质量保障和工作改进。

（二）自我评估的推进重点

成功的教学质量自我评估建立在质量生成洞察力的基础上，是对内在价值与外在行为之间关系的一种深刻理解。自我评估就是要打开质量生成及成因的黑箱，让学生的学习体验、学习观点、学习成果有章可循、有据可查，为质量保障和改进提供依据。自我评估应重点关注的评估项目有以下几点。

1. 教学是否向以学生为中心转换

有效的教学首要的问题是思考学习应该如何产生以及应该如何评价学生。学习得以产生的基本条件是看到（知识的呈现、知识产生的结果）、体会到（参与知识的讨论、实践）和想到（所学知识与内化知识、应用方法的联系）。教学就是要创造看到、体会到和想到的情境，引导学生进入学习活动，并对其学习表现做出评价。教学自我评估应侧重以下几点。

（1）是否明确教学目标和要求

教学和评价都是以教学目标的阐述为基础的，没有阐述得当的教学目标和要求，就不可能产生好的教学规划，评价也就缺乏收集数据和进行决策所赖以存在的基础。任何形式的教学目标都应该做到以学习成效为依据来进行描述，让学生了解对他们的期望以及评价方式。不能因大班教学不能评价学生而放弃评价环节，坚持每节课都评价若干学生，一来可以引起学生对教学的重视，使其了解自身的学习成效；二来可以使每个学生都得到评价指导，为学生学会自身评价提供方法指导，让学生学会评价自身；三来可以为评价学生的学习成效提供基础依据；四来可以为教师反思教学、选择与改进教学方式提供基础。

（2）是否促进学生基本学习技能的提高

“最近 50 年的各项权威性研究已经反复证明，在讨论中，学生给予的注意和思维活动都更为积极。”推动学生参与讨论学习是大学重要的学习方法之一，通过思考练习帮助学生学会按照教学内容进行思考，帮助学生学会评价自己以及他人的观点是否合理，为学生构想运用基本理论的方法提供机会，帮助学生整合已学到的知识并获得学习情况的反馈。学会组织讨论、推动讨论是一项重要的教学技能，不管以何种形式开始的讨论，都离不开阐明问题、分析问题和解决问题这一套路，采用讨论来促进学生的学习，不在于提问以后马上寻求解答、寻求论据，而在于帮助学生厘清问题、产生思路、谋求解决方法。应该做到：一是阐明问题。定位问题核心，针对问题界定几个核心概念或重要原理。二是提出可以接受的假设。讨论者可能因为对问题的理解不同而出现“鸡同鸭讲”的无效讨论情况，这就需要清楚问题的产生背景，在背景不明的情况下可以提出各种假设。三是收集资料。针对已掌握的问题背景，收集相关资料。四是选择答案。评价可供选择的其他解决方式。

（3）是否促进深层次学习

专业教学是大学教学独有的特色，不同学科有不同的论文结构、不同的论证模式和不同的研究与解决问题的方式。研究表明，一个领域专业特长的标志就是拥有一个组织有序的知识结构以及一套获得和整合新知识的策略方法。

对深层次学习的自我评估应关注：①知识结构。学生是否形成以核心概念、核心原理为节点的网状知识结构。②思维模式。学生能否掌握本专业的思维模式，能否评价本专业经典文献的论证模式。③毕业设计。学生能否描述毕业设计的论证结构、理论基础、技术路线。④管理学习。设置和控制一个学习目标所需的方式；是否建立为了完成类似任务所需的有效策略组合。

2. 是否制定了以学习为中心的课程大纲

教育学家斯普朗格认为教育不是单纯地讲授知识，而是激发人的创造性力量，激发学生的生命感和价值感。人一旦得到更多的信任和期待，内在动力就会被激发，会更聪明、能干、有悟性。这种有关学习本质和教育本质的观念与设想，指明了教学要以培养学生在学业和事业上成功所必需的能力为核心，思考的重心要从关注教师教什么转向关注学生学什么，教师更像是学习活动的监督者，这种身份的转换还需要思想的转换，重新认识学生学习过程设计和教师教学过程设计。传统的教学大纲是围绕教师或课堂教学的内容设计的，不能满足学生在学习过程中逐渐增长的发展需求。学生的不断发展要求学习计划的设计，要为学生提供综合性信息。

围绕学生设计教学大纲主要思考学生需要掌握什么内容才能使学生在教育活动中获得最大的收获。约翰·劳夫在研究了大量的获得“卡内基教师年度奖”的教师后得出结论，这些教师使用的教学大纲在设计过程中有一个相同点是这些教学大纲的设计非常详细。这些教学大纲有清晰的课程目标、教学任务和教学进度安排以及教学评价标准。很明显，这些教师通过教学大纲设计以及自身的教学行为向学生展示了明确的教学标准。

制定以学习为中心的课程教学大纲需要高屋建瓴，综合社会发展需求、学生个体发展需求、学科专业发展内在逻辑，更重要的是需要换位思考，站在学生的立场思考如下问题：什么样的信息能够帮助学生学好我们任教的课程。

应该向学生提供的信息有：其一，开课理由。课程与课程体系的一致性、社会需求、个体发展。其二，现行课程目标。学习成效、评价手段和工具、教师对学生的期望以及学生为学好课程应承担的责任。其三，课程内容概要。教学流程图、单元纲目、选学内容、课程学习策略、课程内容与专业能力培养的关系（课程对学生的思想和实践有什么益处）。其四，评价程序。学分和分数等级、要求及任务、应具备的基础能力和有学科特色的能力的评价依据。其五，各单元的具体情况。目标、选学内容、水平等级、任务与要求及其布置目的、授课方式（以讲座、讨论还是小组讨论为主）、实践活动流程图。其六，教学材料。教科书、参考书目及不易找到的阅读材料。其七，自测卷（附答案）。给学生一个检查自己能否达到目标要求的机会。其八，信息交流。教师应了解学生对该课程的期望以及学生希望得到的指导，学生应了解教学的重点。

3. 管理是否向规范和服务转变

管理虽然与质量生成没有直接关系，但是却直接关系到质量生成的背景，为质量生成提供条件保障，直接关系到办学定位和质量标准的选择。联合国教科文组织曾经指出，衡量一个国家教育发展的程度，就是看这个国家的教育行政官员和教师有没有相当的教育评价知识和能力。

对教学管理的自我评估应注重：其一，按照国家的通用标准对教学支持条件进行自我评估。其二，在参照国家通用标准的基础上，结合学校实际，给教学各环节制定质量标准，突出学校自身的特色建设，并让全体师生学习、知晓评估标准。其三，教育管理人员、教师必须明确自身在教学质量提升过程中的责任，满足目标要求。其四，有明确的制度与措施激励教师对教学有适当的投入。其五，有明确的执行制度和激励制度，保障教师为学生提供指导、服务并对学生进行职业生涯规划，对学生的职业从业教育进行足够的指导。

第四节　教学质量保障体系的构成

一、教学质量领导与管理组织系统

一个完整的教学质量保障体系，首先要有教学质量领导与管理组织系统。该系统的人员由校领导、二级院系领导、教师代表、企业代表组成，范围涉及教学质量的领导、管理及工作机构。教学质量保障的领导机构是校长办公会、教学指导委员会。其主要职责是：明确办学指导思想及质量目标，对学校教学质量保障体系进行制定、修改和实施；制定有关保障和提高教学质量的重大政策和措施；监督各个工作机构的执行情况。质量要求为：教学质量领导、管理及工作机构健全；质量管理职能职责明确；各职能部门、教学单位服务人才培养情况良好，师生满意。

二、教学质量目标系统

教学质量目标系统包括：学校办学定位、学校人才培养总目标、各专业人才培养质量目标。质量要求为：明确学校定位与发展目标，制定科学的发展规划，确立教学中心地位；人才培养目标符合学校定位，满足社会对人才的需求，满足学生全面发展的需求；目标构成具体化，可依循操作。

（一）确定目标

教学质量监控保障体系在运行时，其首要任务是确定目标。需要确定的目标包括学校的发展目标和学校教学的人才培养目标。确立清晰的学校发展定位是本科院校培养人才和提高教学质量的基础。随着高等教育的发展，高等教育逐渐走向大众化。本科院校需要立足于当地的经济发展、社会的发展形势和学生的全面发展的实际需要，结合学校的发展情况对学校进行定位。

在学校定位的基础上，要突出学校的办学特色和办学水平，避免发展目标同质化。特别是要避免制定不切实际的发展目标，盲目拔高发展目标。本科院校的定位包括本科院校在社会中的定位、本科院校在教育系统中的定位、本科院校在学校的发展过程中的定位。

（二）科学定位的内涵

本科院校在学校的发展过程中的定位包括三个层面。现阶段需要重点研究的内容是本科院校在教育系统中的定位，这一定位的本质是对教育系统分层。本科院校的定位需要分析社会发展的整体需求、学校的发展情况和学校自身具有的优势等因素，要充分发挥学校的特点。

其定位内涵包括：①办学方向的定位。办学方向的定位是指确定本科院校在整个社会中的位置，即在社会发展中本科院校的方向是什么。②办学类型和层次的定位。办学类型和层次的定位是指确定本科院校在教育系统中的位置。③办学水平和特色的定位。办学水平和特色的定位是指本科院校确定专业学科、专业结构、科学研究等的方向。

研究型大学承担着培养创新人才的任务，主要为学生讲授基础学科和应用学科的基本理论，研究专业性问题，培养专业人才；职业技术高校主要是培养生产和管理服务的人才，训练学生的专业技能。

（三）存在的问题

高等院校扩招之后，很多高等院校对自己的定位不明确、不清楚，不注重发挥自己的特长，盲目拔高自身的定位，不利于学校的发展。本科院校的定位要坚持能级原理，对自己进行分类。本科院校的发展要根据实际情况，分析市场需求，确定服务的切入点，坚持多样性与突出特色相结合的原则。确定目标要找准教学中心。

本科院校的教育价值要通过人才价值体现出来。为社会培养高素质的人才是本科院校的中心任务。高素质的人才包括创新型人才和其他类型的人才。这些人才的培养都应受到重视。

本科院校的人才培养的重点是在高等教育的教育规律的指导下培养社会和国家发展需要的人才，同时要使教育满足学生的自我发展的需求，各种类型的人才培养都要学校制定明确的发展目标。这个发展目标的定位要显示出本科院校的特点，同时要注重对教学质量的追求。

三、教学质量标准系统

教学质量标准系统包括：各专业人才培养标准、专业建设标准、各教学环节质量标准。

各专业人才培养标准包括：知识、能力、素质标准。质量要求为：支持人才培养质量目标，对毕业生的知识、能力、素质要求具体化，满足社会需求和学生全面发展的需要。

专业建设标准包括：专业设置标准、建设经费标准、师资队伍标准、实践平台标准和课程标准。质量要求为：有明确的专业设置条件和合理的建设规划，专业结构合理，注重特色专业的培育；新专业设置适应社会需要，经费有保障；师资队伍标准、实践平台标准和课程标准明确具体，满足人才培养需要。

各教学环节质量标准包括：课堂教学、实验、实习、实训、毕业设计等各教学环节的质量标准。质量要求为：符合高等教育发展规律，明确具体，可操作性强，经过努力可以达到。

四、教学资源建设与管理系统

教学资源建设与管理系统包括的项目有：师资队伍建设与管理、教学经费投入与管理、教学设施建设与管理、教学基本建设、教学改革与研究、产学研合作平台与机制建设。

师资队伍建设与管理包括：师资的引进、培养，教师的考核和激励机制。质量要求为：师资队伍建设有规划、有措施、有成效；师资队伍数量与结构合理，师德师风优良，满足人才培养需要；建立完善的教师聘任、考核和奖惩等机制；明确主讲教师资格的认定。

教学经费投入与管理包括：四项经费（本专科业务费、教学差旅费、体育维持费、教学仪器设备维修费）占学费收入的比例、生均四项经费的使用情况。质量要求为：确保人均教学经费投入达到教育部要求，满足教学的需要；做到教学经费投入和使用合理、公开、透明。

教学设施建设与管理包括：教室、实验室、图书馆、语音室、体育设施、校园网等硬件和软件的建设与管理。质量要求为：确保各类教学设施的硬件和软件正常运转，能满足本科教学的要求。

教学基本建设包括：专业建设、课程建设、教材建设、实验室与实习基地建设。质量要求为：专业建设应有规划和目标，定位合理，有计划地培育特色专业；逐步形成国家、省部级有一定影响力的特色专业；人才培养方案科学，各专业设置的必修课程达到合格标准，主干课程达到优秀，有一定数量的校级、省级精品课程甚至国家级精品课程；有规范的教材编写、选用制度，有一定数量的高质量自编特色教材和校企合作教材；实验室建设有规划、有措施，管理规范，满足教学需要，利用率高，有一定数量的省级实验教学示范中心。

教学改革与研究包括：教学内容、教学方法与手段、考试方法等的改革与研究。质量要求为：立项评审规范，经费到位；教学改革与研究成果对教学形成良好的引领和支撑作用。

产学研合作平台与机制建设包括：学校与地方、学校与企业联合办学、协同创新、共建研发机构或实验室、相互提供技术咨询或服务等。质量要求为：有合作规划、措施；有深度合作模式；有一定数量的纵向、横向课题；科研工作、科研平台、科研成果和产学研发展对教学改革及教学质量起到促进作用。

五、教学过程管理系统

教学过程管理系统包括：专业人才培养方案制订、招生工作、日常教学管理、学生工作、第二课堂、就业工作。

专业人才培养方案制订的质量要求为：培养计划制订、审核、执行规范，体现人才培养的目标要求。

招生工作包括：招生计划制订、招生宣传、录取、生源质量分析。质量要求为：招生计划制订程序规范、合理，符合学校实际和社会对人才的需求；招生宣传效果好，程序规范；生源质量高。

日常教学管理包括：教学计划的执行和教学任务的落实、教学进度的安排、理论与实践教学的运行管理。质量要求为：教学管理制度完善，教学计划执行良好，教学秩序稳定，课堂教学质量好，教学档案规范、齐全。

学生工作包括：学生基础管理、思想政治教育、学风建设等。质量要求为：学生服务与管理工作思路清晰、措施有效，能调动学生学习的积极性；重视学风、考风建设，有较好成效。

第二课堂包括：课外科技文化艺术活动、体育锻炼、社团活动。质量要求为：课外科技文体活动丰富，气氛活跃，学生参与面广，有利于学生创新意识的培养和综合素质的提高；社团管理规范，社团活动贴近学生的学习和生活，体现以学习为主的原则。

就业工作包括：市场需求分析、就业措施与效果、应届毕业生的就业率和就业质量、毕业生跟踪调查分析。质量要求为：就业指导与服务工作思路清晰，措施周密细致，成效显著，就业率高，就业质量好。

（一）教学主要环节关键监控点的确定

教学质量保障体系是一个完整的系统，整个系统在制定决策阶段、评估阶段、反馈阶段都可能遇到阻碍，这就需要在系统的运营过程中对其进行跟进，在跟进的过程中及时发现问题，对工作做出改进，从而确保系统的平稳运行。因此，保证本科院校的教学质量的一个重要前提就是在教学质量的各个阶段设立关键点，从而对其进行跟进。

（二）畅通的教学质量信息反馈网络的形成

本科院校的教学质量保障要坚持预防的原则。这就需要转变理念，将教学质量管理的重点转变为预防，注重评价教学质量。在教学质量评价中，要既注重总结性评价又注重形成性评价。

本科院校要在教学过程中对教学质量进行把控，加强学风和教风的建设，促进教学质量的提高。本科院校在教学过程中重视教学信息的来源，不断丰富教学信息的来源途径，为教学质量的管理提供丰富的信息。

本科院校需要形成教学质量监督信息网络。教务处应协同其他教学机构，通过系统的教学检查、专业评估与检查、课程评估、试卷评估、毕业论文（设计）工作评估、院级教学评估等系列质量监控活动，直接获取质量信息。教学督导委员会成员通过听课、评课活动，直接获取课堂授课质量信息；校院两级领导通过随机性抽样听课，获得第一手质量信息。

学校可以开通网络评价教师系统，让学生参与到对教学质量的监督活动中，再由学校的教学管理部门分析、处理这些信息。教师可以借助于这些网络信息了解学校的建议和意见，及时了解自己的教学情况以及学生、教学管理部门对自己的教学质量的反馈，从而改进自己的教学。

（三）采取多种措施加强过程监控

本科院校的教学质量的提高、人才培养质量的提高都会受到学校教学质量保障监控体系的影响。本科院校需要定期召开专题工作会议，制定规章制度。有关部门要对教学质量、教学质量的监督工作进行检查。

与此同时，本科院校的有关部门要根据学校制定的质量标准评估教学质量，具体的评估内容通常包括各个专业的人才培养方案、师资力量建设、学院的教学设施配备，在发现问题后及时提出整改方案。对于新开办的专业、院校两级重点课程、各个专业的精品课程也需要进行评估。还可以建立起学校领导干部的听课制度，即院校两级的领导干部在教学周期中到课堂中听课，了解教学质量。

六、教学质量监控系统

教学质量监控系统包括：校院两级督导、教学检查、教学信息采集、分析与反馈。质量要求为：对全校教学建设、教学运行秩序、教学规范的落实情况进行有效的监督检查；采集教学基本状态信息，并分析、反馈，不断改进。教学工作是高等学校经常性的中心工作，学校各个部门、各个方面的工作，都会直接或间接地影响教学质量。因此，教学质量监控保障体系必然会涉及学校的各个部门和各个工作环节。这个体系大致应该包括以下几个方面。

（一）控制要素子系统

控制要素子系统是指教学质量监控保障体系中的所有要素。具体来说，控制系统的要素包括本科院校的发展目标和人才培养目标、学校的教学资源使用情况、教师的教学设计、教师的教学实际情况、课堂教学的效果、本科院校的人才培养的质量、教学过程中各个环节的教学效果等。

（二）质量标准子系统

针对教学过程中的各个环节制定明确的质量标准有利于教学质量的控制和保障。本科院校的教学质量保障体系需要将教学质量标准作为前提条件。应用型本科院校的人才培养目标的制定要立足于学校的实际发展情况，从而确定教学过程中各个环节的质量标准。这些标准为教学质量体系的建立、实施、改进和审核认证提供了基本原则，规定了教学质量体系建立的一般方法和程序，确立了教学质量体系的建立和实施依据。

（三）统计、测量与评价子系统

本科院校在对自身的教学质量进行监督和控制的过程中要收集和教学质量保障有关的信息、资料等，并在此基础上对其进行分析。在本科院校的教学活动中，一般使用教育统计和教育测量的方法。通过这两个方法能够及时了解教学过程中的问题，从而及时改正问题，提高教学质量。

（四）组织子系统

组织子系统会直接参与到教学质量的监控活动中，对教学质量产生直接的影响。组织子系统通常包括三个部分：首先是在教学质量的监督和控制中代表本科院校的机构；其次是本科院校中的学院；最后是能够影响本科院校教学质量的部门。

七、教学质量评估系统

教学质量评估系统包括：评教评学评管制度、教学质量分析、教学水平评估、教学建设及管理专项评估、专业认证等。质量要求为：制定科学的教学评估指标体系和实施办法，建立常态评估机制；准确采集教学运行的基础数据进行综合分析，结合学校教学工作进行评估，形成教学质量状态的基本判断，为教学质量的控制提供决策依据。

本科教学质量的提高需要形成科学而全面的教学评估体系，教学评估体系在教学质量保障体系中有重要作用。因此，本科院校需要根据学校的教学水平建立全面科学的教学评估体系。

在本科院校的课堂教学方面，本科院校需要制定出条理清晰的规定，对教学质量评价标准、教学质量的评价内容等进行规范。教学质量的评价标准的制定要坚持科学、可行的原则。

八、健全教学质量激励监控运行机制

对于人类的行为来说，激励有重要作用。本科院校要提高教学质量就要建立激励机制。建立激励机制的目的有三个：第一，建立激励机制能够对教师和学生的教学活动的目标和发展方向提供指导；第二，建立激励机制有利于对教学质量的管理；第三，激励机制能够调节教学过程中的各个因素。此外，建立教学质量激励机制能够调动教师的工作积极性，刺激学生的学习动机，有利于培养学生自主学习的能力。

第三章　地方本科院校教学质量内部保障体系

地方本科院校教学质量内部保障体系，就是把教学过程的各个环节、各个部门的活动与职能合理组织起来，形成一个任务、职责、权限明确，能相互协调、相互促进的质量管理系统。本章主要分为：地方本科院校教学质量内部保障体系的基本原则、地方本科院校教学质量内部保障体系的基本框架、地方本科院校教学质量内部保障体系的构建与思路，以及地方本科院校教学质量内部保障体系的运行与维护四部分。主要包括：教学质量内部保障体系的规范性原则、教学质量内部保障体系的目标性原则、教学质量内部保障体系模型、教学质量保障体系的动力系统以及教学质量保障体系运行的维护策略等内容。

第一节　地方本科院校教学质量内部保障体系的基本原则

一、教学质量内部保障体系的规范性原则

（一）规范性原则的含义

规范性原则是指地方本科院校通过教学质量保障体系的建立，来展开质量保证活动。遵循国家相关法规法令条例，是相关质量保障活动的前提，在活动中除了要依法实施管理之外，还要克服主观随意性，一方面，以此来促使教学质量各项工作转变得更加制度化、标准化，以及规范化；另一方面，保证学校教学和质量改进工作的展开，使其不仅能够有条不紊，还能保持一定的秩序，只有这样才能保证教学质量的稳步提高。

（二）规范性原则的要求

关于教学质量内部保障体系中规范性原则的贯彻，述说起来主要有三个方面的要求：首先，要对教学质量工作的计划性进行加强。地方本科院校质量工作的改进，一方面，要对质量方针进行系统筹划与确定，对目标宗旨进行明确；另一方面，要加强质量工作的统筹安排，以此来保证质量保证工作能够有计划、按步骤地展开。其次，做到质量标准化。关于教学质量标准，它除了是教学质量保证的目标之外，还是评价教学质量，并对教学质量进行控制的重要依据。因此，为有效地进行质量控制，非常有必要建立一个科学统一的教学质量标准，来为人才质量相关教学、管理工作提供检查和衡量的尺度。最后，不断完善与更新教学质量管理工作中的规章制度。关于建章立制这项措施，其不仅有助于减少“人治”，还有助于实现质量工作的规范化管理。建章立制对教学质量提供的基本保证，有赖于对教学质量的各影响因素以及对教学过程各环节的有效控制，控制主要体现在：一方面，通过制度形式来对从事教学质量工作的所有部门和个人所需承担的任务、职责和权限进行规定；另一方面，以制度形式来对教学质量工作的各步骤和环节进行科学的规定。

二、教学质量内部保障体系的目标性原则

（一）目标性原则的含义

关于目标性原则的概念，述说起来是指地方本科院校在建立教学质量保障体系的过程中，为使提高教学质量的目标得以实现，并在此基础之上形成一个有效的质量保障体系，以质量保障目标为中心对教学质量保障体系的建设进程进行控制，并合理地选择体系要素，组织协调好各种有效力量。这里所指的目标，其实质是一种人的主观反应，是人对某一活动所要达到的结果产生的一种反应。目标性原则的贯彻，不仅是全面实施教学质量管理的重要前提，还是教学质量保障活动能够得以高效进行的内在要求。

（二）目标性原则的要求

关于目标性原则的贯彻，述说起来是指以控制原理为依据而建立的质量保障体系。实际上，教学质量保障中的质量控制，主要是通过不断对质量目标进行确定及纠正来实现的。因此，非常有必要在质量保障体系中建立起一个高灵敏度，并且高效的目标定位机制，以此来不断健全教学质量目标体系，制定出与质量目标体系相对应的预防、纠偏措施，从而实现有效的目标控制。

在教学质量保障体系的构建和实施过程中，要最大限度地落实以教学为中心的思想，并使地方本科院校各项工作的展开能紧紧围绕着提高教学质量这一中心，而不断强化教学质量意识。一方面，要强化主要目标意识。另一方面，要坚持合力育人。为实现人才培养的总目标，要动员校内各部门全体教职工，共同为这一目标而努力。

三、教学质量内部保障体系的多样性原则

（一）多样性原则的含义

大众化高等教育随着高等教育的发展而不断发展，逐渐形成的一个显著特征就是多样化、多规格。《21世纪高等教育展望和行动宣言》指出："高等教育的质量是一个多层面的概念，考虑多样性和避免由一个统一的尺寸来衡量高等教育的质量。"这意味着衡量教学质量的标准也要多样化。

（二）多样性原则的要求

地方本科院校的学科类型、办学水平不同，就有着不同的教学质量保障体系，有着不同的保障体系的内涵和具体措施。地方本科院校在制定内部教学质量保障体系时，首先，要遵循教学质量保障具有的规律和要求，并在此基础上结合本院校的具体实际，因地制宜、因时制宜，不盲目推崇某种模式和方法，制定和实施具有学校特色的人才培养目标。其次，内部教学质量保障体系除了要建于各种常规的保障体系框架下之外，还有着多种形式和途径的保障要素与结构组织体系和工作体系以及运行机制等，同时，还要注意建设的内部教学质量保障体系必须是可行、有效且合理的。

四、教学质量内部保障体系的效率与效益原则

（一）效率与效益原则的含义

不管是制定的教学质量管理的方针与目标，还是教学质量管理活动的结果，都要在充分满足高等学校利益相关者需要的同时，考虑地方本科院校资源的使用率，注重遵循效率与效益的原则。这里所指的效率是指包括了人力、物力、财力等在内的完成任务所用的资源。所谓的效率最高就是以最少的资源来完成任务。而效益原则是所完成任务对社会需求的满足程度。而市场对高等教育的巨大需求同有限的教育资源之间的矛盾，是高等教育大众化的进程中最为显著的矛盾。

（二）效率与效益的关系

随着高等教育的发展，学校的连续扩招给学校带来了巨大的压力，教学所需的包括师资、教材、教室以及图书等在内的资源，存在着难以被满足的问题。同时，学校内部各院系之间，还普遍存在着教学资源的不合理利用问题，也就是教学资源的重复建设，以及教学资源的浪费问题比较严重。这意味着要在高校扩招而办学资源有限的现状下，对有限的教学资源进行最高效率的利用，实现高等学校内部之间，以及高等学校之间的资源共享，从而提高办学效率。因此，将效率与效益原则充分融入地方本科院校教学质量保障相关活动中，这样做，首先，有助于高等教育资源的使用效率的提高；其次，有助于地方本科院校教育资源的社会效益的提高；最后，有助于可持续发展的教育质量观的树立。

第二节　地方本科院校教学质量内部保障体系的基本框架

一、教学质量内部保障体系模型

通过对教学质量保障要素的分析可以看出，教学质量保障涉及面广、环节繁杂，必须协调各部门按照一定的程序、规则将各个要素整合起来，使得学校教学质量保障工作杂而不乱，有规划、有阶段、有步骤地改进教学质量，这就需要建立一个教学质量保障体系。

构成高校内部教学质量保障体系的子系统主要包括六个方面：其一，是教学质量保障对象系统；其二，是教学质量目标系统；其三，是教学质量保障活动系统；其四，是教学质量信息反馈系统；其五，是教学质量保障组织系统；其六，是教学研究与服务系统。后四个系统共同构成了教学质量保障工作系统，这一工作系统在实现教学质量目标的过程中，主要通过控制调节机制，来不断对保障对象系统进行建设与改进。教学质量保障工作系统的框架结构如图 3-1 所示。

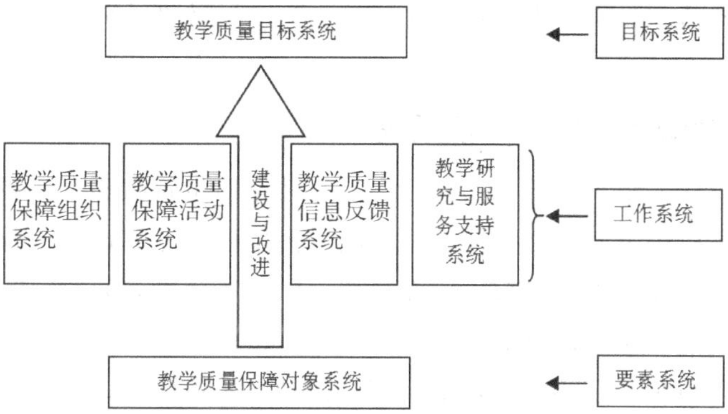

图 3-1　教学质量内部保障体系模型

二、教学质量内部保障体系子系统设计

（一）教学质量保障对象系统

可以将教学质量保障对象系统称作教学质量要素系统。这是因为凡是能够对教学质量产生影响的因素，都是教学质量保障系统中的受控对象。这里所指的影响，不仅是多方面、多层次的，还是多因素的，而影响的内容则包括人、物，以及管理因素。教学质量保障对象系统的基本构成模型如图 3-2 所示。

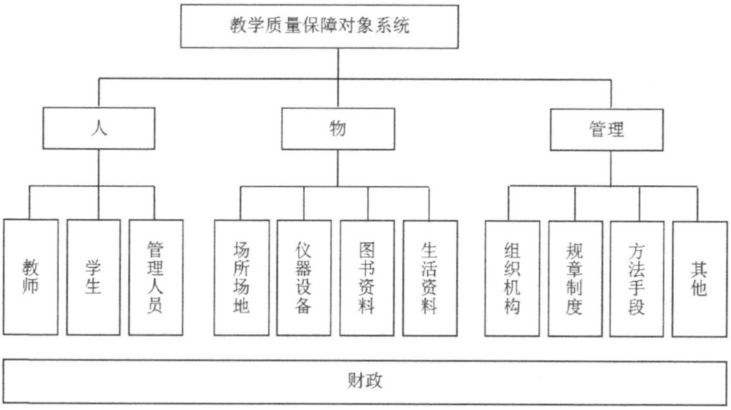

图 3-2　教学质量保障对象系统的模型

在教学质量保障对象系统中，需要注意的内容包括：其一，在教学质量保障系统中，有很多对象要素，这些要素有轻重缓急之分，因此，要正确分析和确认其中的关键要素。其二，这些要素之间相互影响，同时，这些要素还对包括了课堂教学、实验、测验等在内的教学活动有着直接的影响作用。因此，要尽最大努力来求得教学系统诸多要素的平衡和优化。其三，地方本科院校内

的人员物资齐备，管理活动能够得以顺畅开展，与财政经费的支持有着紧密的关系。

（二）教学质量保障组织系统

教学质量保障组织系统是指院校中具有教学质量管理职责，确保和提高教学质量工作的机构及其人员。保证教学质量保障体系能够正常、有效运行有赖于一个在层次方面合理，在权限方面分明，以及在职责方面明确的质量保障组织系统。可以说，这一系统是整个体系的核心部分。

质量保障组织系统的职责包括：其一，是对质量体系框架进行研讨、设计和完善；其二，是落实质量保障措施；其三，完成与质量保障体系相关的质量保障活动。地方本科院校施行教学质量保障体系具有的成效，受到组织机构设置的直接影响，也就是，一个科学、运转协调的组织结构，能够促使教学质量保障体系获得较好的成效。其系统结构模型如图 3–3 所示。

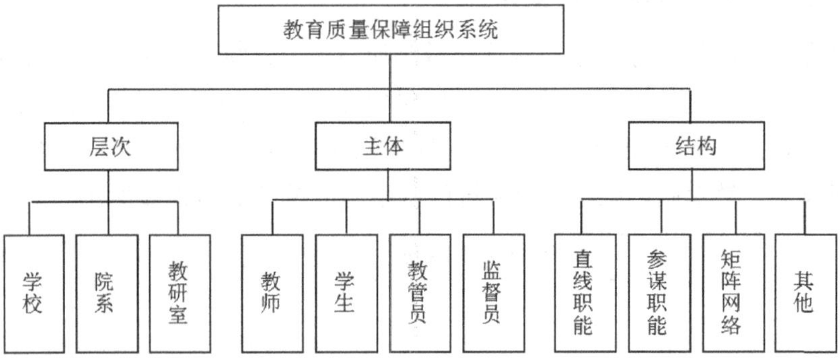

图 3–3　教学质量保障组织系统

在对教学质量保障组织系统进行完善时，存在的问题包括：其一，片面单一地追求数量，忽视了机构设置；其二，存在着机构臃肿、人员交叉的问题，并且还存在着会议过多、统筹协调性较差等诸多的问题，不利于提高教学质量；其三，还在组织功能与职责方面存在着缺乏工作协调性的问题；其四，存在着教学主体参与程度低的问题，其中，教学主体包括教师和学生。

（三）教学质量保障活动系统

教学质量保障活动系统是指教学质量管理活动过程中对被控对象进行监测和控制的组织主体。这一过程的剖析主要从内容、形式以及活动过程三个角度来入手：首先，从监控内容的角度出发，主要包括教学的基本建设和运行状况，以及教学管理的情况。其次，从监控形式的角度出发，它主要反映的是与教学质量保障相关的方式和手段，监控的形式体现在教学质量保障体系中的制度规范、督促检查，以及评估评价和反馈调节等方面。最后，从监控活动的角度出发，其在实施过程方面，主要可分为大过程和小过程。第一，大过程。其概念是指地方本科院校由招生到培养方案，再到教学，最终到毕业，学生“输入—输出”的整个过程。大过程反映的内容是学生在大学期间的基本成型过程，并且教学质量的有效监控和管理始终贯穿于这一整个过程之中。第二，小过程。是指一个监控管理周期，通常是指一个学期。其中主要包括四个过程：其一，是制订计划（P）；其二，是运转调控（D）；其三，是检测评估（C）；其四，是总结提高（A）。其系统结构模型如图 3-4 所示。

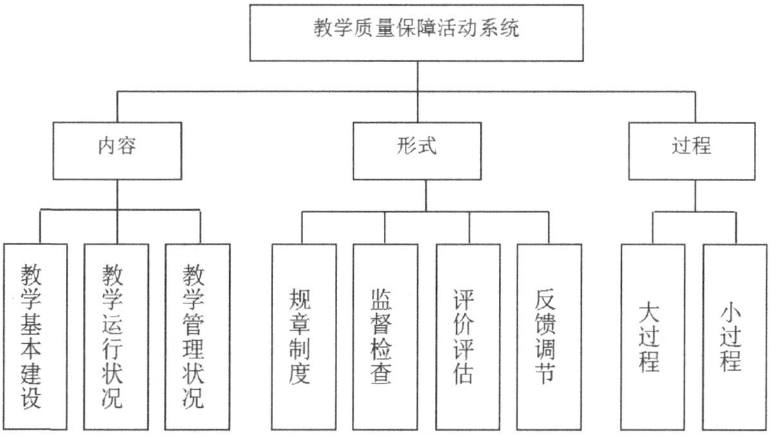

图 3-4　教学质量保障活动系统

（四）教学质量信息反馈系统

教学质量信息反馈系统除了是一个信息系统之外，还是一个反馈系统。首先，信息系统。是指教学质量信息反馈系统，具有围绕着信息进行搜集、处理，以及传递的功能。其次，反馈系统。教学质量信息反馈系统是将来自不同对象、渠道的相关教学质量信息反馈给教学管理决策部门，有助于对教学质量的各执行环节展开有效的监督和控制。所以说，在教学质量保障体系中，具有重要地位的子系统之一就是教学质量信息反馈系统。

系统搜集信息的主要途径有三个：第一，通过学校教学质量评估机构来对教学质量保障活动中的动态和静态信息进行搜集。首先，动态信息是以价值判断形态存在的。其次，静态信息是作为成果数量和质量而存在的。第二，来自用人单位和毕业生提供的信息。这一方面搜集的信息以毕业生为中心，收集他们在岗位方面的适应性信息；在学校专业设置方面的科学性信息；在工作能力和知识结构方面的合理性信息；在人才培养模式方面的可行性信息等。第三，通过教研室学生班级的信息员，来搜集学生们对教学工作的意见和建议。在展开信息搜集工作时，主要通过定期或不定期问卷调查的方式进行。在对搜集到的信息进行整理、归类，以及分析之后，要将结果及时反馈给内部管理决策部门、教师，以供相关管理人员做出决策。教学质量信息反馈系统工作原理如图3-5所示。

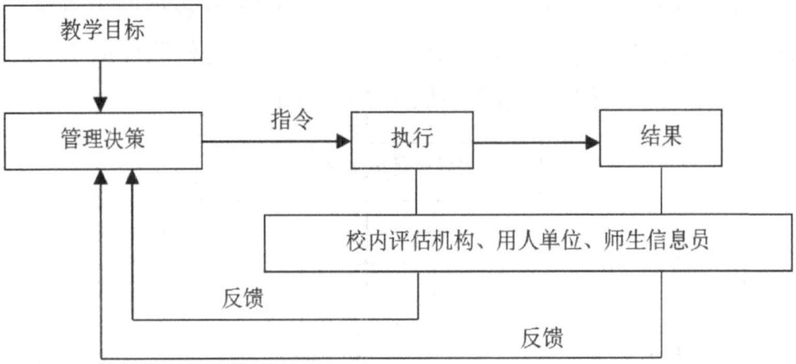

图3-5　教学质量信息反馈系统工作原理

在我国，就当前的教学质量信息反馈系统而言，其还存在着很多缺陷，首先，信息反馈主体单一。一般情况下，负责向下发布信息的机构是行政管理部门，并且发布的信息只局限于有利于体现业绩的信息，不管是教师还是学生，参与的都比较少。其次，信息渠道少且不便捷。传递给学校及院系管理人员的信息，主要是通过会议和纸张材料来实现的，而师生反馈给管理者的信息，不仅渠道少，还不畅通。最后，质量信息内容稀少粗浅。信息多局限于课堂信息，能够对教学质量其他重要方面起到监测作用的内容较少。

第三节　地方本科院校教学质量内部保障体系的构建与思路

一、教学质量保障体系的组织体系

在展开教学质量管理工作时，必须综合全校上下的力量，包括学校内部各部门，以及学校内所有成员的全部力量，地方本科院校方面在履行教学质量体系等保障职责时，只有做到各司其职、相互协作，才能实现更好的构建。因此，在建立教学质量保障体系时，有必要建立一个教学质量保障组织体系。教学质量保障组织体系的功能在于制定学校各有关单位的教学质量管理职责，以使质量保障工作合理化。

胡恩明等人提出高校教学质量保障组织体系主要由四个系统构成：其一，是教学评价系统；其二，是教学保障系统；其三，是教学指挥系统；其四，是教学信息反馈系统。

张安于等人提出高校教学质量保障组织体系主要由五个系统构成：其一，是控制要素系统；其二，是统计测量与评价系统；其三，是教学质量保证与监控系统；其四，是组织与保障系统；其五，是质量标准系统。

结合种种关于教学质量保障组织体系框架的内容，笔者认为教学质量保障组织体系主要由八个子系统组成：其一，是教学指挥系统；其二，是教学评价与诊断系统；其三，是质量文化宣传教育系统；其四，是教学信息反馈系统；其五，是教学质量仲裁系统；其六，是教学条件保障系统；其七，是教学决策系统；其八，是教学信息搜集与处理系统。这八个子系统之间的关系如图 3-6 所示。

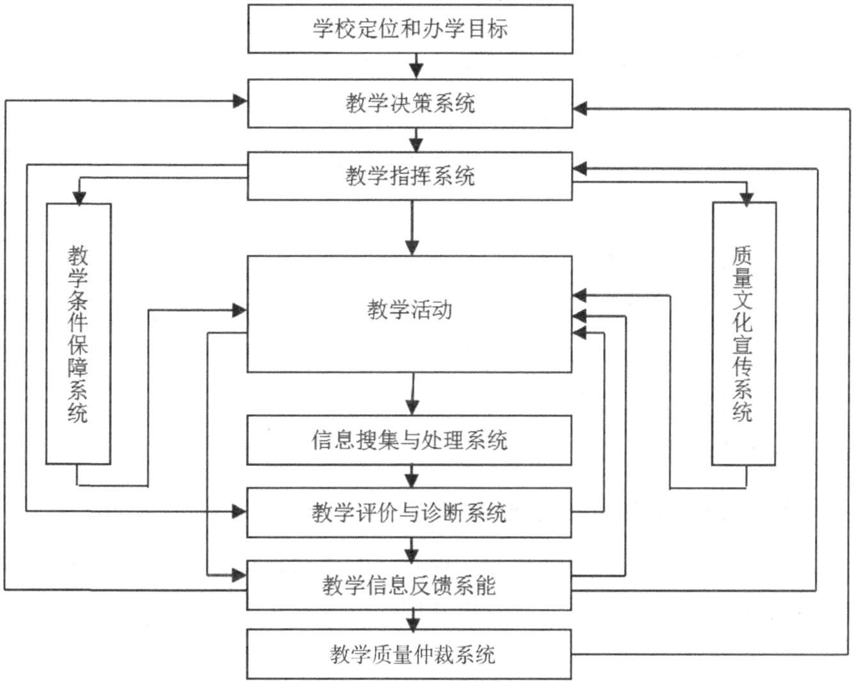

图 3-6　教学质量保障组织体系

（一）教学决策系统

1. 学校职责

地方本科院校中的学校职责包括：首先，在解决包括办学目标、人才培养目标，以及人才规格在内的重大问题时，除了有赖于定性分析社会需要的变化之外，还有赖于对学校的实际发展状况进行的定向分析。其次，对学校的目标进行定期的评价。再次，对学校教学质量政策进行制定。最后，对全校性的相关管理活动进行审查批准。而负责履行这些职责的机构是学校党委会和校长办公会。

2. 院系职责

地方本科院校中的院系职责包括：首先，要以学校的办学方针和政策为依据，解决本院系内包括专业培养目标和质量标准等方面的重要问题。其次，以本院系的专业培养目标为中心，展开定期评价。最后，决定本院系在教学质量管理方面的活动。而负责履行这些职责的是院（系）务会议。

3. 决策辅助系统的职责

地方本科院校中的决策辅助系统的职责包括：首先，为学校教学工作的重大决策提供支持，即提出咨询意见等。其次，为学校发展的重大问题的解决提供支持，即提出政策建议。负责履行这些职责的是学术委员会以及教学指导委员会。

（二）教学指挥系统

地方本科院校中教学指挥系统具有的职责：在学校教学政策允许的范围内，一方面，对教学管理规章制度计划进行制订；另一方面，以教学质量管理活动为中心，进行组织实施。负责履行这些职责的是校长、教务处长、院长以及教学院长和教研室主任。

（三）信息搜集与处理系统

地方本科院校中的信息搜集与处理系统的职责包括：首先，要围绕着教学工作有关信息，展开收集存储、分析处理，以及发布等工作。其次，以各种活动为中心，提供必要的信息。负责履行这些职责的是教学质量管理办公室。

（四）教学条件保证系统

地方本科院校中的教学条件保证系统的职责包括：首先，对教学目标的实现所需要的条件进行分析。其次，为教学活动的正常进行提供支持，包括人、财、物支持。最后，要对该系统自身履行职责的情况进行定期评价。负责履行这些职责的是人事处、财务处以及图书馆和教务处等。

（五）教学评价与诊断系统

地方本科院校中的教学评价与诊断系统的职责包括：以学校的质量管理计划为依据，展开定期评价、诊断教学等工作。负责履行这些职责的是教学质量管理办公室以及学科专家和管理专家组。

（六）教学信息反馈系统

地方本科院校中的教学信息反馈系统的职责包括：对与教学工作相关的信息进行反馈，将其反馈给有关部门和个人。负责履行这些职责的是教学质量管理办公室。

（七）质量文化宣教系统

地方本科院校中的质量文化宣教系统的职责包括：首先，要将教学政策和质量管理政策进行宣传，传递给学校内外。其次，要对学校的教学质量成就进行及时宣传。最后，面向校内外，将教学质量管理经验的相关内容传播开来，以此来促进学校质量文化建设。负责履行这些职责的是校办党委宣传部及教务处等机构。

（八）教学质量仲裁系统

地方本科院校中的教学质量仲裁系统的职责包括：裁决出有关部门及个人在评价结果方面的争议。首先，在对学术性争议进行裁决时，主要由专家委员会、教学督导组来进行承担。其次，在对非学术性争议进行裁决时，主要由教代会党群组织来进行承担。

二、教学质量保障体系的质量文化建设

教学质量保障的关键是要有敏锐的质量意识，通过提升质量的教学行为和促进质量提升的管理行为，深化对质量态度、质量情感、质量目标、质量道德和质量价值观的认识。关于质量意识的培养，最具说服力和促进力的当属质量评价。质量评价可以使任何一个无质量意识的个体被动或主动地参与到质量评估活动中，对质量有个概观的认识。当存在一系列质量评价标准和质量保障举措时，质量意识在保障和提升质量的过程中发展为质量自觉。

质量文化是高校教学质量保障体系的核心，为保证高校教学质量保障体系的不断建设与完善，其中的重要内容之一就是对学校的质量文化进行培育和发

展。只有在全校所有质量保障主体的共同努力之下，才能促使学校教学质量保障体系得以顺利构建与良性运行。

要想实现教学质量保障体系的发展，首先，要对师生员工的教育质量进行加强。其一，不断增强所有师生员工的教学质量生命线意识；其二，为全校师生员工创造出一个有助于质量教育发展的良好文化氛围；其三，以质量价值为导向，在校园内，不仅要创造出具有广泛参与机制的质量文化，还要创造出一个具有团队协作精神的质量文化，以便不断激励所有师生员工能够围绕着共同的人才培养目标不断努力。

首先，质量教育有助于广大教职工掌握与质量管理相关的知识，有助于教职工们对教学质量的方法进行改进，并对其工作质量与效率进行提高。其次，地方本科院校方面要以质量文化的建设为中心，制定出相应的政策措施，一方面，传播质量信息；另一方面，对质量成就进行奖励，以此来促进质量观的转变，使其能够与时俱进，不断推进质量文化建设。而要想使保障和提高教学质量的目标能够得以实现，有赖于全体成员的共同努力，因此，有必要对全体成员的质量意识进行提高，帮助他们树立起以质量求生存的观念，以及以特色求发展的价值观念。

三、教学质量保障体系的动力系统

教学质量保障的关键之处，就是在高校内部教学质量保障体系的构建过程中调动所有成员的积极性，发挥人的作用。通常情况下，以质量文化、竞争激励，以及制度约束等内容为动力，来不断营造一个管理者科学管理教师，教师认真对学生进行教学，以及学生不断努力学习的良好氛围。为此，要从以下几个方面入手，不断完善教学质量保障体系的动力系统。

第一，作为学校领导，首先，要树立质量意识；其次，组织教职工以教育思想为中心展开研究和讨论；再次，对教职工的现代教育教学观念进行引导；最后，帮助教职工养成保障教学质量而努力的意识。

第二，评价教师的教学质量。学生是这一过程的评价主体，依据评价结果，结果较差者，要综合考虑学生的具体情况，组织教师进修或离职。若是有的教师发生重大教学责任事故，那么，可采用扣除津贴，以及取消评优资格的处理方式。

第三，要引入外部评价，这种方式有助于调动内部积极性。例如，请专家检查毕业论文（设计）的质量，积极申请上级主管部门来校进行具体评估。

四、教学质量保障体系的方法技术系统

（一）教学质量目标和教学质量监控系统

第一，教学质量保障体系建设，有赖于先进的理念做指导，核心就是要解决保障什么样的教学质量（What）和怎么保障教学质量（How）的问题。所以，教学质量保障首先要制定教学质量目标。其次，建立教学质量监控系统，组织各级管理者、专家教师，以及学生和工勤人员来共同组成保障组织，并对教学质量展开全面监控。

（二）教学质量主要监控点的确定

教学质量主要监控点有：其一，教学条件保障质量；其二，新生录取质量；其三，培养方案与教学计划质量；其四，主要教学环节质量；其五，教学管理质量；其六，课程考核质量；其七，人才培养质量；其八，教师队伍质量；其九，教学大纲质量；其十，学籍管理质量；其十一，第二课堂质量。

（三）教学评价反馈与教学过程调控

教学评价的功能是多种多样的，其中，最为主要的功能是反馈功能和管理功能。从两项控制论的角度出发，闭环控制系统是一种负反馈调节机制系统，是以系统最佳状态为目标，在使其自身状态不断优化的过程中，使之趋向目标的稳定系统，这意味着反馈能有效控制教学过程。在对教学过程进行控制的过程中，起到重要作用的是走高质量路线的复杂过程。

教学调控机构，也就是教师或教务部门，首先，要对教学过程展开持续控制。其次，要使各教学单元都能持续地沿预定轨道前进。最后，若是评价发现教学单元发生了偏离，这时就要通过调控机构来做出相应的控制决策，以此来促使教学回到预定轨道。

关于教学管理系统的要素，述说起来主要有三个方面，分别是：教学状态、调控机构以及教学信息。首先，调控机构获取教学状态相关信息的渠道是教学评价，将教学信息与教学目标二者进行比较，找出其中的差距，并对其原因进行诊断。其次，将这些信息进行反馈，以供调控机构对教学状态展开控制，并在此基础上，形成具有负反馈调节机制的教学管理闭环控制系统。这一控制系统的具体结构如图 3-7 所示。

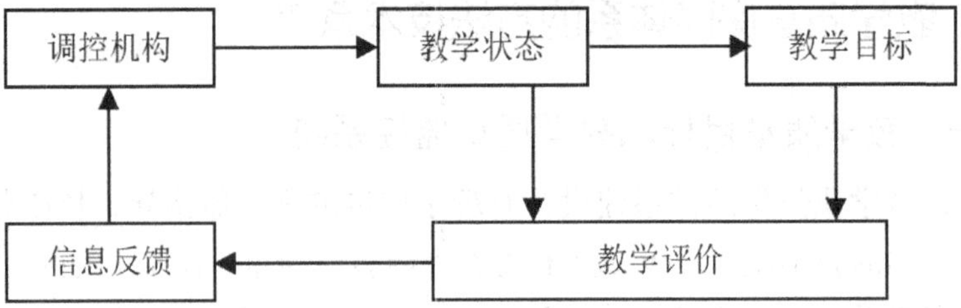

图 3-7　教学管理控制系统示意图

第四节　地方本科院校教学质量内部保障体系的运行与维护

一、教学质量保障体系的运行机制

关于内部教学质量保障体系，其在运行机制中，从对内的角度出发，是相对封闭的循环往复的闭合回路，并且这一回路不仅有布置、执行、检查，还有反馈和总结。从对外的角度出发，它是一个开放系统。在这一系统中把输入该系统的信息流和物流两方面内容进行转化，并使其转变为一种有效的保障措施，以此，来最大程度使投入该系统的人力、物力以及财力发挥出全部力量，从而，保证该系统产出合格人才。

由此，可以将教学质量保障体系视为一个投入、运行和产出，以及保障对象能够得以不断运行的体系。而这一系统的运行，必然会受到环境因素的影响，即外部系统的影响，因此，系统对外的运行模式为：环境—投入—运行—产出。另外，其运行机制如图 3-8 所示。

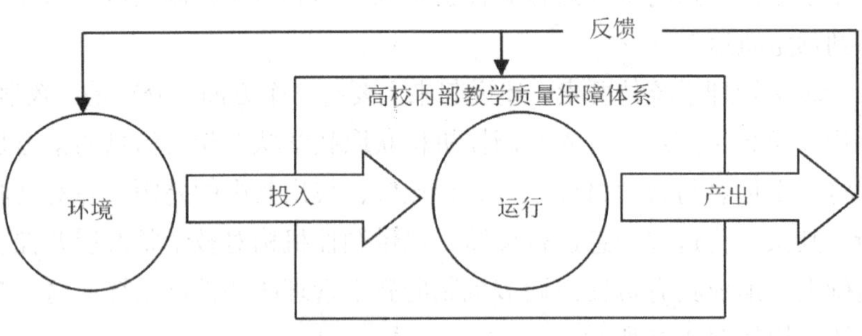

图 3-8　高校教学质量保障体系运行机制图

（一）教学质量保障体系——环境

环境包括政策环境、价值观念、教学观念，以及教学思想等内容。关于环境的影响，首先，它明确了为谁服务以及培养什么样的人才的问题，也就是指明了高校的办学方向。学生作为社会主义现代化的建设者，以及社会主义现代化的接班人，在教育中，第一，必须坚持三个面向。第二，必须坚持为社会主义现代化建设服务的方针。其次，一方面，为学生打下坚实的理论基础；另一方面，在培养学生较强的创新意识和创新能力之外，使他们构建起良好的职业素养，从而使培养出的人才，不仅能满足经济发展的需求，还能满足社会进步对人才的需求。

因此，内部的教学质量保障体系在实际运行中要不断关注经济社会发展，为使人才培养的基本目标能够得到有效落实，必须主动适应外部社会环境。

（二）教学质量保障体系——投入

教学质量保障系统运行条件的系统投入主要是指以人、财、物为代表的投入。具体内容如下。

1. 人的投入

主要包括三个方面的投入：其一，学生。包括了入学基础、学习态度以及学习方法等内容，它们都对教学质量有着直接的影响作用。其二，教师。在学校教学中，教师往往起着主导作用，同时，也处于主体地位，教师自身具体的学术水平、教学能力，以及治学态度等对教学质量有着重要的影响作用。其三，管理人员。校园内的管理人员简单来讲就是管人、管物、管事的人员。他们是促进各项教学质量保障活动有序、有效展开的重要因素，可以说，他们是具体的组织者和执行者。

2. 财力的投入

除了要重视教学经费、科研经费的使用之外，还要抓好管理经费的使用，一方面，注重开源，也就是利用多种渠道来获取经费；另一方面，注意节流，即要使资金得到最大限度的利用。

3. 物质的投入

除了要抓好教学设备、教学设施之外，还要抓好教材和图书资料等方面的投入，这是因为它们都是教学质量得以提高的物质保证。这里需要强调的是，投入不仅要有一定的数量，还要对有限的资源进行最大限度的利用，即以评估来对利用率进行监督保证，最大限度地实现资源的利用。

（三）教学质量保障体系——运行

在地方本科院校，教学质量保障体系内部主要运行着六个子系统，其中，活动子系统、组织子系统以及教学研究与支持系统和信息反馈子系统，这四个系统之间相互协调，共同组成了教学质量保障体系的工作系统。在工作系统中，具有指导地位的是教学质量保障目标。而监控要素系统，则是以教学质量目标为中心，不断进行建设和改进，在目标达成之后，则意味着迈入了下一阶段的质量保障循环。教学质量保障体系运行的工作原理如图 3-9 所示。

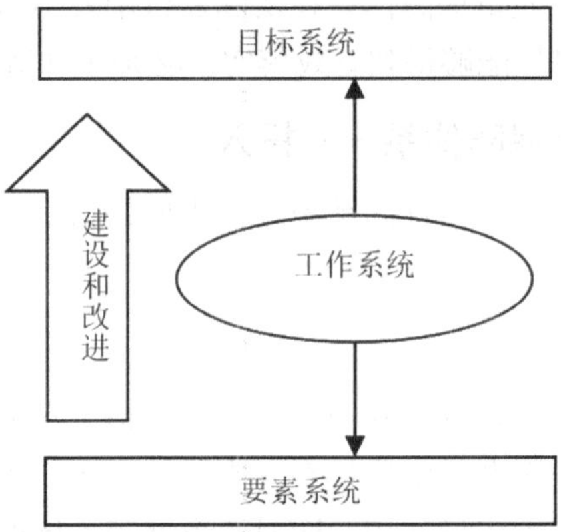

图 3-9　内部教学质量保障体系工作原理示意图

（四）教学质量保障体系——产出

关于系统的产出，述说起来主要包括三个方面的内容，其一，是学术成果、科研成果；其二，是培养的人才；其三，是提供的社会服务。

关于激励机制，首先，它是促进教学质量保障体系得以顺利运行的一个重要机制，它着重的是调动人的积极性。其次，激励机制应遵循的基本原则，述说起来就是尊重人、信任人以及关心人。最后，激励机制的实现手段主要包括表扬、奖励以及校风、学风等文化熏陶等。

关于产出质量，它是过程的质量的累积和体现。在高等教育阶段中，教学质量保障除了要重视产出的质之外，还要关注产出量，这是因为这两方面的因素直接影响着教学质量保障系统运行所能产生的效益，同时，还反映了系统资源中以人、财、物为代表的投入，反映了资源的投入是否得到了一个合理且充分的利用，即资源投入对教学目标的实现程度。

二、教学质量保障体系的动力机制

就内部的教学质量保障体系而言，其作用对象无疑是人。体系运行的目的，除了是调动教师、学生的积极性之外，就是调动管理人员的积极性。而动力机制的概念述说起来就是通过对质量保障主体暂时比较缺少的合理需要进行满足，充分调动起主体的主观能动性，并以此来支持教学质量保障体系，使其能够顺利运行。而对于内部教学质量保障体系而言，一个健康的驱动力主要来自以下几个方面。

（一）竞争机制

竞争简单来讲就是优胜劣汰，首先，在高校中，竞争的主要目的就是充分调动学生、教师，以及管理干部的积极性。其次，高校具体教学中，为实现竞争的目的，可以采用的手段有教学评估、评优等。但是，在竞争机制的引入过程中，除了要遵循教育规律之外，还要遵循科技发展规律。最后，在竞争机制的具体运用中，要注意适度原则，这是因为不管是人的积极性的产生，还是人的成就动机的产生，受到的影响都是多方面的，不仅仅来源于竞争。

（二）激励机制

1. 科学规范、有效的教学管理组织系统

激励的词义，即激发鼓励，是人的积极性的主要动力。而一个有效的教学管理组织系统，则是质量保障体系得以顺利运行的基石。首先，从组织机构的角度出发，它主要包括三个方面的内容：其一，是教学决策系统。这一系统的主要内容是健全全校教学工作领导体制。其二，是教学参谋与咨询系统。这一系统的人员构成，一是教学管理专长人员；二是身具丰富教学经验的人员。其三，是教学管理指挥运作系统。这一系统是以教务处为核心的。其次，从内容的角度出发，激励机制涵盖了校园中所有相对完善的教学管理规章制度。要想真正实现从严治教，科学规范管理，保证教学工作的顺利展开，一方面，需要一个优秀的教学管理队伍，即不管是主管校长，还是具体的教学管理人员，都具备优秀的素质能力和职业道德；另一方面，需要一个完整的教学管理体系，从而确保教学工作正常进行。

院系教学质量管理是院系教学管理的核心任务，而建立旨在保证和改进教学质量的保证体系，是质量管理的重要内容。

第一，是办学条件的保证。尽管这是学校层面解决的问题，但院系必须通过自身的努力，使学校在办学投入方面达到具体的标准要求。第二，是师资保证。教师的学术、教学水平及敬业精神和责任感直接关系着教学质量和人才培养的水平。第三，是教学基本建设保证。专业建设、课程建设、教材建设、实践教学建设、学风建设的水平直接影响着教学服务与人才培养的质量。第四，是教学改革保证。不断深化教学改革是提高教学质量的最有力举措，是促进教学质量的根本动力。第五，是教学管理保证。教学管理是有意识地调节教学系统内外各种关系和资源，以便提高效益，高质量地实现教学目标的过程和所有活动。

2. 持续发展、不断深化的教学改革与建设

不断对教学进行改革与建设，是提高教学质量的重要路径。高校的人才培养目标随着经济和社会的发展而不断改变，当前需求的人才是各种类型的高质量人才。由于人才培养的目标始终是与规章相适应的，因此，高校要想提高教学质量，在教育思想观念方面，必须要进行加强；在教学基本建设方面，必须要进行加强；在人才培养模式方面，必须要进行改革；在课程体系方面，必须要做到适时调整；在教学内容方面，必须要做到及时更新。

3. 健全、有效的教学质量监控与评价体系

这一内容是内部教学质量保障活动能够顺利进行的关键。首先，一个健全、有效、科学的监控与评价体系有赖于其职能的充分发挥，即对教学信息进行搜集和反馈；对教学质量评价进行监督和保证；对教学工作进行改正等。其次，若是教学质量监控和评价体系是相对完善的，其一般包括的内容有：其一，是科学完善的课堂教学课程；其二，是各级领导听课及教师相互听课制度；其三，是教学督导制度等。

地方本科院校方面，要想实现包括了学生方面的学习质量和教师方面的教学效果在内的教学信息反馈，有赖于对教学质量监控与评价体系进行完善与健全。只有将教学工作置于经常被监督和评价的位置，才能不断以教学工作为中心，实现发现问题、总结经验，以及改进教学的目标。

4. 建设一支优秀的师资队伍

地方本科院校不仅存在着缺乏质量保障的内在动力的问题，还存在着缺乏质量文化氛围的问题，为此，院校方面要建立切实可行的激励机制，并通过多种方式，如教学经验交流、名师评选等，来帮助教师通过教研、教改的方式，来不断提高教育热情，一方面，针对教学方法与手段，进行自觉主动的改进；另一方面，对教学内容进行优化，以此来对教育教学质量进行保障和提高。

从根本上讲，本着事业留人、待遇留人、感情留人的态度，制定对民办高校中青年教师进行激励的措施，如建立工资增长的长效机制，不断提高教师待遇；加强对教师的业务培训，完善职称评定，为其职业生涯进行长远规划；为教师投五项社会保险，交纳住房公积金，帮助教师解决住房、孩子上学、户口等问题。健全社会保障制度，排解后顾之忧，是确保和提高教学质量的重点。

地方本科院校的教育改革深化，以及教学质量得以保证的关键之处无疑是教师。因此，建设一支具有较高素质水平的师资队伍，可以说是提高教学质量的重中之重。而师资队伍的建设与管理，具体来讲主要包括以下内容。

第一，有效激励机制的建立。首先，通过各种优秀教师表彰机制的建立，对教师起到激励作用，促使他们更加热爱工作。其次，激励名师上讲台，承包讲课任务。最后，对具有较强工作能力的名教师、名教授进行大力表彰。

第二，从制度的角度出发对教学活动进行约束。要在国家和教育部相关规定的范围内，在教师教学管理规定中，纳入教学工作的基本要求。同时，严格执行教师教学工作内容，包括评价以及监督制度。

第三，以年轻教师为中心，加强对他们的职业发展培训。尽全校努力来建设出一个结构合理，同时还具有优良效果的教师梯队。

三、教学质量保障体系运行的维护策略

（一）重视加强院系级教学组织建设

地方本科院校中的学院，除了是教学活动的实体之外，还有着组织、执行和管理教学活动的重要职责，它为教学质量的提高打下了坚实的基础。关于院系级教学组织，其所具有的对教学活动的管理职责，述说起来主要有六个方面：其一，是以教学计划和大纲的规定为依据，在有计划地组织理论教学的同时，不断加强对实践教学中各环节的管理；其二，加强学科、专业、课程以及教研室建设；其三，构建一个在结构方面合理且具有较高水平的专业教师队伍；其四，对学生的学习活动和实践活动进行有效组织；其五，建立有素质的教学管理队伍；其六，建立有序的教学管理程序。

（二）重视鼓励和引导全员积极参与

教学工作，离不开学校内每一位学生和教师的共同参与。质量保障的工作不是几个人就能完成的，它是一个群体性工作。因此，从教师到学生，从行政管理者到工勤人员，都要将自己的工作与教学质量相联系，从而形成全员质量

保障共同体，共同为教学质量保障工作实效的提高而不断努力。

（三）重视持续改进教学质量保障体系

要重视教学质量保障体系的完善与更新。正如事物是不断变化的一样，人们对过程、结果的要求不是一成不变的，而是会经历“不完善—完善—更新”这样一个不断变化的阶段。而要想实现这一过程有赖于一个不断创新的机制，也就是持续改进。关于持续改进的概念，述说起来是一个永恒的过程，不管是教学质量保障目标、内容要素，还是教学质量保障的工作途径和方法，都要注意随着时代的发展而不断与时俱进。

第四章　地方本科院校教学质量外部保障体系

高等学校教学质量外部保障体系是教学质量保障的一个重要组成部分。特别是在高等教育大众化进程中，外部教学质量保障体系的建构显得尤为重要。本章包括政府对地方本科院校教学质量的宏观调控、市场对地方本科院校教学质量的监控、教育评估中介机构的构建与运作三部分，主要包括进行宏观调控的意义、生源市场对高等教学质量的调控、教育评估中介机构的内涵等内容。

第一节　政府对地方本科院校教学质量的宏观调控

一、进行宏观调控的意义

对于高等学校的管理，一部分学者坚持高校自治，并且认为政府对高等学校的管理越少越好，但是，“传统的高等教育自治现在不是，也许从来都不是绝对的”，政府对高等学校的管理是，在高等教育走向大众化的背景下，政府的管理方式有了全新的变革：从先前事无巨细的微观管理，走向了以抓教学质量为主的宏观管理。

（一）有利于实现政府的意志

直至目前为止，就“教育本质是什么”这一问题，教育界仍存在纷争。国内比较典型的是“生产力说”与“上层建筑说”两种观点。“生产力说”认为，“上层建筑说”没有充分考虑到教育领域中非上层建筑的成分，如教育内容、教学方法和手段等，并进一步指出，科学技术是第一生产力，而生产力的发展决定着教育的发展。“上层建筑说”则强调，科学只是潜在的生产力，生产关系能改变教育的性质，教育的内容、教学方法和手段都是围绕教育目的这一上层建筑而展开的。不管两种观点有何差别，有一点是两种观点都互相认可的，那就是教育（包括高等教育）必须要体现政府的意志，必须接受政府的管理和指导。这在许多国家的立法中都有着明确规定。

高等教育体现着政府的意志和行为，一所高等学校的发展速度、规模与方向，在一定程度上都是政府意志和行为的延伸。为了保障高等学校准确、全面地体现政府的意志，政府必须对高等学校进行管理。由于教学质量是一所学校可持续发展的决定性条件，是学校所有工作的核心，抓住了教学质量这根主线就等于抓住了高等学校工作的全部。因此，政府对高等教育的管理主要体现在对高等学校教学质量的宏观管理上。

（二）有利于促进高等学校的发展

高等教育体现着政府的意志，在一定程度上，学校的发展是政府意志的延伸。因而，作为高等学校的宏观管理者，政府不仅有权力要求高等学校的工作体现政府的意志，而且也有责任促进、维护高等学校的进一步发展。在高等教育迈向大众化的过程中，教学质量是学校，更是社会所关注的一个焦点。甚至有人认为，一所学校的发展，实质上就是其教学质量的发展。这种观点虽然带有夸大其词的成分，但却不失其合理性，因为教学质量是学校所有工作的总纲，是学校生存和发展的灵魂。因而，政府通过各种宏观管理措施，如评估、经费投入、教育政策等加强对教学质量的管理，无疑有利于促进高等学校的发展。

（三）是高等教育国际化的必然反映

高等教育国际化是高等教育发展的一种必然趋势。高等教育国际化的特征之一是世界各国之间相互对等承认高等学校之间的学历学位。目前，大部分国家及地区都已把教育，尤其是高等教育升级为一种政府意志。然而，世界各国高等学校的学历学位间的对等承认存在着一个前提条件，即各国高等教育质量方面应该是接近的，否则，对等承认学历学位就成了空话。

在我国，高等教育管理体制改革后，国内的高等教育管理模式由中央集中管理模式转换为地方分级管理模式（只有少数高等学校仍由教育部进行直接管理），管理模式变革后，地方高等学校往往以服务于地方的经济文化为主。显然，地方的经济和文化对高等教育的质量要求低于国际社会对高等教育的质量要求。

在当前高等教育国际化的背景下，这就形成一种悖论，适合本地经济与文化发展的地方高等教育的教学质量，却不能适应世界经济与文化的发展要求。为解决这种悖论，只有站在世界的高度上，对地方高等学校的教学质量进行审视，并进行相应的宏观管理与调控，才能促使地方高等学校的教学质量既符合地方经济与文化的发展，又能满足高等教育国际化的需要，这也必然促使国家加强对地方高等教育的教学质量的宏观管理。

二、对地方本科院校实施宏观调控的新向度

（一）管理权限方面的新向度

为了顺应时代的步伐，针对管理权限，政府有必要也应当对社会、市场以及学校放权，从而使权力在不同主体间的转移得以进一步实现。然而，作为科学研究动力、人才培养摇篮的高校，其自身的存在及发展都要在社会、市场以及政府三者间寻求一种相对的平衡。纵观世界政府的改革发展趋势，我们不难得知，在向下放权的同时，积极建立市场制度是目前大部分国家的主要任务。但对于那些发展中国家而言，想要在政府改革中解决“向下放权”“建立市场制度”这两大难题，就需要把国际社会中的政府管理、发达国家以及企业管理的宝贵经验视为政府变革的中心目标。通过借助外在经验，来达到官僚制管理体系进一步完善的目的。

为了使权力的转移和重新分配得以顺利实现，治理理论强调，要把多元社会的现有实际情况作为根本出发点，把以往的政府权力单一化转为不同主体化。而对于其流向而言，其流向不仅包括体制内，还应当从体制内流向体制外。政府应根据教育外部环境的变化，对高校实施相应的宏观管理，且在此过程中要做到与时俱进，以新视角作为重新界定自己管理权限的辅助。

1. 向高校放权，激励高校自主

由于我国教育行政机构并不看好高校的自律能力，因此，政府对高校放权就显得格外谨慎。一方面，高等教育管理体制早在 1999 年便进行了重大调整，但也只是纵向权力的下放，仅是政府部门间的相互转换；另一方面，由于我国高校已经习惯了在依赖性环境中成长，所以自主办学能力的形成还需要一个漫长的适应过程。基于此背景，政府想使高校获得真正的自主办学权，就需要通过两个渠道：一是对管理权进行改造；二是对管理权进行重构。言外之意，政府需要分解对高校进行管理的职能，即一部分管理职能被下放给各地方政府，另一部分管理职能被转移给社会中介机构。

需要注意的是，地方政府在此过程中要保证改革的切实性。因为这是真正赋予高校独立学术自治以及法人地位权利的有效途径。不仅如此，政府要顺利实现此目标，还需要对当今中国高校做出新定位。从宏观层面上讲，高校应当

属于社会的第三部门。基于第三部门的高校，实际上属于一种以非营利为主的特殊组织，当然，也可以视为一个以非营利为目的的社团法人，它是与政府、企业对等的实体组织。除了具备非营利性，还具备非政府性、中立性、专业性、组织性等特点。如此，便能使高校的特质不被市场以及政府的影响所掩埋。

2. 向社会放权，提倡社会参与

政府职能为什么会发生转变呢？其根本原因有两点：一方面是领域的划分；另一方面是社会结构的调整重构。社会领域的“自治化”在经济领域“市场化”的刺激下产生，此时，高校、社会、政府三者将原有的高校与政府间的单一关系代替。也就是说，政府应当顺应时代的变化，特别是随着市场经济的进一步确立，以及社会“自治”能力的显著提高，其应为社会提供舞台，让社会亲自对自己内部的事物进行处理。

据大量经验和教训得知，公共事务并不能由政府全权负责或解决，而需要把民间的力量与政府力量相结合。政府的重点应当放在对社会组织中介的培育和规范上，如此便能在一定程度上避免政府陷于不必要的社会矛盾和责任之中，这使政府能够把更多的精力放在规划经济社会发展工作、监督执法工作、组织协调工作以及为公众和企业提供良好公共服务等方面。

3. 向市场放权，主张市场介入

在当今这个经济、信息、科技高速发展的时代，高校要想生存，要想发展，就需要提高自身的效益和效率。简言之，高校要学会用市场的精神对自己进行改造，科学引入竞争机制。

（1）理论层面

由于高等教育既是“准公共物品”，又是“私人物品”，所以可以接受市场的调控。然而，对市场需要的接受，也渐渐成为高校自觉的选择。因为，市场的介入意味着高校与社会之间的联系变得更为频繁和密切，这便使高校的科研项目以及所提供的服务与社会需求更加相符，进而把高校对社会所起到的促进作用充分体现出来。

（2）实践层面

就我国高等教育的发展而言，目前存在两个主要问题：其一，高等教育规模的不断扩大致使政府财政面临巨大压力；其二，由于公立高校管理体制方面的原因，大量教育资源没有被充分开发和利用，办学效益相对低下。由此可见，我国高等教育的进一步改革和发展需要市场的介入。

但需要强调的一点是，教育的外部性极有可能引起“市场失灵”，也就是说，市场的介入是有限的。然而，“市场失灵”这一问题我们应当怎样解决呢？此时，我们急需政府来对其进行宏观调控，以确保教育的公益性。

（二）管理方式方面的新向度

把以往的直接行政管理转变为间接的宏观调控是地方本科院校实施宏观调控的管理方式方面的新向度。对于高校制度的创新而言，虽然政府在今后一段时间内仍发挥主导作用，甚至在某些方面还会加以强化，但导致我国高等教育制度诱致性变迁的条件则会随着高等教育的进一步发展，以及高校办学自主权的进一步实现而日臻成熟。这便意味着，政府需要对具体的管理行为方式进行合理调整。鉴于此，交流、协商、合作、多元化互动等，是治理理论中所特别强调的管理方式。所以，政府的权力应逐渐退出微观领域，把直接管理手段（以行政手段为主的“包揽”“干预”）转向间接管理手段（以宏观调控为主的“协同”“规范”），并转变固有的观念。基于治理理论，重新界定自己的管理角色，为高校制度的创新提供更多空间。

政府对高校进行宏观调控的方式有：其一，法律调控。在诸多对高等教育活动实施规范管理的手段中，法律调控是最有力的一种。基于高等教育立法的强制性法律效力，任何高校甚至政府都不得违背。其二，经济调控。政府在对高等教育的规模、活动、速度进行调控时，可选用拨款、奖励、政府采购、资助、招标、投资以及公益信托等手段。其三，计划调控。较好的灵活性和弹性是社会主义市场经济下的国家计划活动所具备的前提条件，且该活动应当建立在对市场需求变化趋势和高校培养能力的充分预测和反馈之上。其四，行政调控。当政府对高校实施行政调控时，应把行政命令手段的职能尽量缩小，并在此基础上，增加行政教育、协商、说服手段的作用。其五，监督调控。想要对高等教育活动进行监督调控，首先需要建立一个集政府、社会、高等教育团体为一体的，多途径、多层次的监督机构。而后再对高等教育的活动进行相应的检查、鉴定以及评估。

三、进行宏观调控的手段

（一）立法

对高等教育的宏观管理而言，目前国际通用且使用最为广泛的是“立法”手段。其主要原因在于：第一，立法本身是政府意志的一种体现，而政府可以把那些体现了政府意志的政策，通过立法这一途径，轻松渗透到高等教育中，之后对高等教育的方方面面产生影响；第二，作为社会大环境中的一分子，高等学校只有通过立法才能确保其教学质量的提升在社会发展过程中有一个相对稳定的、合理的法律支持和保障环境。

当然我们可以将其理解为，无论是从客观要求，抑或从主观意义上对立法的“应然性”与“实然性”进行理解，高等学校的教学质量都需要一种外在机制为其稳定持续的发展提供保障，这种外在机制即为立法。另外，由于它（高等教育）对社会发展潜力的影响越来越大，甚至影响到国际竞争和工业地位的选择，所以，政府通过立法手段对高等学校的教学质量进行宏观管理已越来越成为一种时尚。

（二）拨款机制

由于政府所给予的财政支持是高等教育发展的重要保障，所以拨款机制便成了政府对高等教育进行宏观管理的又一重要手段。尽管各国政府对高等教育的拨款，在比例或名目上可能各有不同，但毫无例外都包括基本经费（包括教学人员费用、教学物资设备费用等）、研究经费（包括教学研究经费、学校发展研究经费等）、学生（包括研究生、本科生和专科生等）助学金等部分。

政府对高等教育所实行的拨款机制，首先要做到观念的转变，要把教育投资作为一种消费性投资的观念转变为把发展教育作为基础设施建设，把教育投资看作为基础性的投资，应当通过各种渠道增加对教育的投入。不仅如此，各级政府还需要对教育投入做到“三个增长”。简而言之，一方面，各级政府对教育财政拨款的增长，不应低于同级财政经常性收入的增长；另一方面，各级政府的教育财政拨款还要使在校学生人均教育经费逐步增长，以及使教师工资和学生人均公用经费逐步增长。

另外，除了政府常规性的财政拨款外，作为一种特殊的拨款机制，政府对教学成果立项建设项目的投入和对获奖教学成果的奖励，对高等学校的教学质量也有着重大影响。

（三）评估

利用评估手段对高等教育现状进行检查，是国外目前比较常用的一种教育教学管理方式，其中尤以美国为代表。美国的高等教育非常发达，但由于其政治体制的影响，美国的高等教育表现出较强的地域性，造成了美国高等教育特色各异、办学方式多样、办学水平千差万别的局面。对这种不能实施统一管理的、复杂的高等教育格局，政府采取评估的方式对全国各地区的高等教育进行全面评估，以及时了解和掌握各地高等教育的现状和水平。

我国也比较重视通过评估的方式对各地高等学校的教学水平进行宏观管理。《中国教育改革和发展纲要》中就明确提出：要建立各级各类教育的质量标准和评估指标体系，各地教育部门要把评估学校教学质量作为一项经常性的任务，在结合用人部门、专家、领导的同时，对各级学校的教学质量进行多元化的评估。

无论是对办学历史较长的高校，还是对新办本科院校，政府对其进行的教学水平评估都对其教学质量的保障、办学水平的提高、教学改革的深化等起到了极大的促进作用。特别是近些年，经济、信息、科技发展速度的加快，在极大程度上刺激了高等教育大众化进程的深入以及规模的扩大，这种情况很有可能导致教育质量滑坡。此时，监督与评价系统在防止教育质量滑坡中便起到了巨大作用。

所以，应当建立一个集科学性、多样性、系统性、灵活性、综合性、层次性于一体的政府评价系统，分别针对公立高校与民办高校、重点高校与一般高校、专科高校与本科高校、综合高校与单科高校、国家（省）投资为主的高校与地方投资为主的高校等，依据国家基本标准，设置多元化的质量标准及评价指标体系，遵守国家法律法规，代表政府对全国高等教育质量实施监督与评价。

第二节　市场对地方本科院校教学质量的监控

一、质量保障是市场力量介入地方本科院校教学的必然选择

全球高等教育在高等教育质量保障运动逐渐兴起的同时，正经受着市场化运动的猛烈冲击。这两个运动在时间上可以说是十分接近的，致使在探讨和研究高等教育质量保障体系时，也会或多或少涉及高等教育的市场化问题。

其一，政府对高等教育质量的认识被世界范围的高等教育经费紧张所改变。各国政府自 20 世纪 50—70 年代受到人力资本理论以及高等教育民主化思潮影响后，便意识到高等教育的重要性，因此，开始持续增加高等教育经费的投入。这一举动在极大程度上促使了高等教育的发展，甚至使世界高等教育发展步入了一个巅峰期。但由于种种原因，许多国家的政府部门都在 70 年代后期开始逐渐削减高等教育的经费。事实上，政府的经费是有限的，而在这有限的经费面前，高等教育经费的使用效率是政府所看重的。为此，政府在对高校投入资金的同时，开始实行“问责”，以此来确保政府纳税人的资金被高校有效使用，从此，政府对高等教育的办学质量也更加关注，而“物有所值”这一价值观也

被用在高等教育质量上，不仅如此，“物有所值”这一价值观也成为影响高等教育质量管理方式的一大因素。

其二，随着新自由主义思想以及新公共管理理念的兴起，政府在高等教育中所扮演的提供者角色逐渐转变为监督者角色。20世纪70年代，英、美等市场经济相对发达的国家，出现了经济滞胀现象，而这种现象的出现，在极大程度上推动了其市场经济理论的进一步发展。新自由主义经济学理论解释了“大国家，小市场”等凯恩斯理论无法解释的经济衰退现象。“大市场，小国家”理论是新自由主义经济学理论所强调的内容，其影响着全球公共部门的改革，并得到了政府的极大重视。

除此之外，新公共管理理论也开始出现，并逐渐替代传统的行政管理模式。新公共管理理论试图把市场竞争和责任机制引进公共部门管理中，把高效率、高经济、高效能视为管理的终极目标。新公共管理理论所强调的是，基于公益性事业的提供，政府应由“提供者转变为监督者”，当公益性事业无法由市场提供时，再由政府直接提供。

由此可见，无论是新自由主义经济学，还是新公共管理理论，二者都提出了“政府在公共事业中转变角色”的问题。在理论支持和经费短缺的双重作用下，大部分国家都开始了不同程度的高等教育市场化改革，而改革的核心在于，使高校由依靠政府经费发展向依靠市场发展转变。在此过程中，高校、市场、政府分别需要注意的是：高校应当获取独立面向市场的主体地位；市场需要根据自身的需求来获取相应的高等教育服务，高等教育则主要依靠市场化的竞争获取生存经费；政府在减少了财政责任的同时，要做好“市场失灵”的预防工作。

由此可见，在高等教育市场化中，政府扮演了多重角色。它对高校施加压力，迫使其面向市场，并帮助高校与市场间建立和谐、密切的联系。其中，高等教育质量保障运动的发起和推动就是一个十分典型的表现。一方面，政府在要求高校建立质量保障体系的同时，还要求其向外界定期发布质量信息；另一方面，为了获得更多研究合作收入以及学费收入，高校对教学质量有了更深刻的认识。如此进行良性循环，市场便会对高等教育质量信息提出更高的要求，而为了获得市场信誉和信任，高校也不得不向市场提供相关信息。

总而言之，基于政府、市场、高校的三角关系，政府以往所扮演的举办者角色，被市场力量的迅速介入所打破，而逐渐转变为监督者和购买者的角色；而高校为了获得基本的教育经费，甚至为了获得更多的教育经费，不得不遵循市场的竞争原则，从而提高自身的教学质量，树立良好的市场形象。高校在政府和市场的双重压力下，开始逐渐改变传统质量管理思路，通过对工业领域经验的深入分析和借鉴，成功建立了高等教育的质量保障体系，并以此来满足政府和市场竞争的需求，这便是高等教育质量保障思想产生的主要原因。

二、生源市场对高等学校教学质量的调控

（一）高等学校的教学质量是吸引生源的主要因素

由于高等学校的不同，所以提供的教学质量也就有所不同，但也正是这不同的教学质量，在决定着受教育者可以接受不同的教育的同时，还决定着受教育者在毕业后所获得的社会待遇以及发展机会不同。所以，不同学校的同一专业对学生的收费标准也存在着一定的差异。因此，大部分学生及家长在对高校或专业进行选择时，都会十分慎重。

据相关调查显示，有 96.2% 和 95.8% 的学生和家长表示，在投资项目学校和专业方面要慎重。毋庸置疑，学生是学校的一个重要组成部分，没有学生，也就没有学校。因此，学校想要生存，就需要具备一定的吸引力，吸引学生来校就学。事实证明，对于一所学校而言，最具吸引力的则是重点、名牌等标记。但只要我们仔细思考便不难发现，重点、名牌等标记主要来自教学质量。一个学校只有具备了较好的教学质量，才有可能被贴上重点或名牌等标签。由于教学工作的目标是提高教学质量，而教学工作又是学校的中心工作，所以教学质量应当成为学校教学工作的中心和重点。

其实，大部分学生想去清华大学、北京大学并不是因为它们获得了国内外诸多学子的仰慕，也并不是因为它们是重点大学，最主要的是，清华大学、北京大学的教学质量相当高，所以才吸引了诸多学生。而它们之所以能成为国内外的重点高校，也是因为它们具有较高的教学质量。

然而，仍有部分学校认为，学校之所以没能吸引到众多学员，其主要原因在于设置的专业与市场的需求不符，从而把对学校专业进行改造视为第一要务。事实上，专业与市场需求相符确实是必要的，所以进行适宜的改造也是必要的，但我们也要清楚地看到，虽然目前市场营销、金融管理、电子信息技术等专业都与当今国际市场以及国内市场需求相符，报考相关专业的学生颇多，但其所报考的学校大多是人人皆知、人人叹服的重点高校，而一些地方院校的相同专业却招不到充足的生源，有些高校甚至招不到学生。遇到这种情况，我们应当进行深度思考，其结果不言而喻，不同的学校，其教学质量也就存在着一定的差异，而不同的教学质量，其感召力也有所不同。由此可见，一所高等学校如果出现了生源不足的问题，就说明了生源市场已经对学校的教学质量调控发挥

了作用，而此时，校领导和党政需要做的是，一方面，要对教学工作与其他工作间的关系进行正确处理，明确教学工作重心，并围绕其进行相关教学工作；另一方面，要积极采取有效措施，如将学校现有资源进行整合，进一步实现资源共享等。此外，还应当加强教学的改革，切实提高高校的教学质量。只有这样才能使高校的声望和知名度得以提高，也只有这样，才能使高校获得更多生源，以至于在日益激烈的市场竞争中立于不败之地。

（二）学费对学校教学质量起着间接的制约作用

“学费即受教育者或其家庭等向学校或教育单位缴纳的培养费。”它不仅对高等学校的教学质量产生了巨大的影响，还是高等学校教学经费不可缺失的一个重要组成部分。一般说来，教育领域的经费来源主要有三个渠道：政府投入、学费、捐赠。在我国，由于许多高等学校都是公立学校，因此，虽然部分高等学校获得了社会上的捐赠，但其也只是学校教育经费总额的冰山一角。不仅如此，从更长远的角度来讲，学校对社会捐赠的过分依赖是不明智且不科学的选择，正如美国著名的教育家赫钦斯所说的：“富人们如果提供了资助，他们可能就不会向高校提供相应的场所或所需的图书和设备，如果提供了场所，可能就不会提供这些场所的维护费用，如果提供了场所的维护费用，可能就不会为这些场所配备人员。仅仅从财政的角度看，与获得捐赠之前的情况相比，高校在获得捐赠之后的情况反而更糟。”

政府的财政拨款既是学校教学经费不可缺失的组成部分，又是我国高等学校经费的主要来源。当然，学生的学费也是学校教学经费中的一个重要组成部分。相关调查显示，2018 年，我国全国教育经费总投入为 46 135 亿元，比 2017 年增长了 8.39%。其中，国家财政性教育经费总额为 36 990 亿元，比 2017 年增长了 8.13%。其中，学生交纳的学费和杂费几乎占据了全部教育经费的一半，而不同地区的高等学校，其学生所交纳的学费和杂费也有所不同。

事实上，我们所熟知的政府教育财政拨款，被直接用于教学设施建设与改善的相对较少，而大部分都被用于支付教职员工工资。那么，学校教学基础设施建设与改造的主要经费来源到底是什么呢？即学生所交纳的学费和杂费。如果没有充足的经费，学校就不可能建设更好更先进的教学设施，没有更好更先进的教学设施，就会对教学质量产生一定的影响和制约，从而形成“学校教学质量相对较差，生源不愿来校就读，学费不充裕，买不起教学设备，影响教学质量”的恶性循环。

三、人才市场对高等学校教学质量的调控

《中国教育改革和发展纲要》早就明确指出："要改革高等学校毕业生'统包统分和包当干部'的就业制度，实行少数毕业生由国家安排就业，多数毕业生'自主择业'的就业制度。"为了适应市场经济发展的需要，每年春夏之交，全国各级各类针对高校毕业生的供需见面会和人才招聘会开展得如火如荼，为广大高校毕业生走向社会提供了更加广阔的舞台和自由选择的机会。从某种意义上来讲，高等学校人才市场的建立，在极大程度上促进了高等学校毕业生就业的双向选择模式，打破了高等学校毕业生固有的"端铁饭碗"的传统，使高等学校毕业生的就业模式发生了重大变革。

虽然高等学校毕业生与相关用人单位间在人才市场中的双向选择与一般的"物物"交换有着本质上的不同，但是，二者间也需要在某种交换条件基础上才能进行双向选择行为。他们之间都需要哪些交换基础呢？用人单位需要毕业生的综合素质和知识能力，而毕业生需要较好的工作条件和较高的工资待遇。当然，从高等学校人才市场确立的那一刻开始，便意味着高等学校的学生成了人才市场的就业主体，人才市场对毕业生人才劳动力的认可，帮助毕业生完成了人才的转化。

不可否认，高等学校为国家和社会培养和输送了一批批高级专业人才，但其所培养和输送的高级人才是否与国家和社会的需求相符，就要看高等学校的教学质量是否符合国家和社会的需求了。据相关研究，就目前而言，随着近几年高校的扩招，以及高校毕业生数量的不断攀升，大部分高校供需间的矛盾被激化，高校毕业生在面对就业市场时，迷失了自己的方向和位置，而就业市场的不断萎缩，也导致了就业率的不断下降。这并不代表国内人才的过剩，基于人民群众的需求，国内高校生反而少了。

就高校生就业问题，部分学者从国际视野角度进行了分析，他们认为，针对就业而言，高等学校毕业生目前存在两方面分化：一方面是学校之间的分化；另一方面是层次之间的分化。前者是指名牌高校的毕业生通常不会出现就业难现象，因为各大用人单位都希望招收名牌高校毕业生，相比之下，普通高等学校的毕业生的就业形势就不容乐观；后者是指专科毕业生就业相对困难。但事实上，这些学者对高等学校毕业生就业问题的归因分析只是在表面上对其就业压力大，以及就业质量偏低等问题进行了简单解释和不完全回答，并没有对这些问题进行实质性的根源剖析。

对于市场中的任何因素而言，市场法则都具有调控能力。从宏观层面来看，

高等学校毕业生是否能够得到用人单位的认可，主要取决于高等学校的教学质量是否与国家和社会的需求相符，是否能够满足市场中用人单位的需求。也就是说，一所高等学校的毕业生，很难在人才市场双线选择中实现自己的平等价值交换，这所学校就应当尽快采取一些改革措施，如更新教学管理理念、对现有教学内容进行适宜调整，从而继续在市场中生存和发展。

由此可见，高校想要在人才市场中取得自己应有的份额，就需要在市场经济体制中积极深入人才市场，接收用人单位对本校毕业生满意度的信息反馈，并发掘和总结提高教学质量的各种有效手段，使本校的教学质量得到切实提高。

第三节　教育评估中介机构的构建与运作

一、教育评估中介机构的内涵

（一）教育评估中介机构的界说

我国教育界为了把政府部门全权负责组织的教育评估区别开来，便提出了“教育评估中介机构”这一新概念。然而，教育评估中介机构的定义到目前为止尚未统一。只有两种具有代表性的观点：其一，“专门评估组织说”。此观点认为，教育评估中介机构主要通过业务委托的方式，对学校教育质量的价值进行判断，其评估结果会对委托人的最终决策产生一定的影响。当然，我们也可以将其视为一种介于学校、社会、政府三者间相对独立的一种专门评估组织。其二，“纽带桥梁说”。此观点认为，教育评估中介机构是将学校、社会、政府三者联系在一起的纽带和桥梁，其主要通过“评估”的方式将三者联系在一起。

综上所述，我们不难得知，教育评估中介机构是受学校、政府以及社会组织的委托，从而开展的一种教育评估活动，由独立于学校和政府的法人所组成，在为学校提供专业咨询服务的同时，还要履行一定的监督职能。

1.教育评估中介机构具有独立地位

其一，教育评估中介机构有自己法定的权利和义务，不管是对学校、对社会，还是对政府，这种组织都是独立的，它是一个可以自我运转的实体。从某种角度来讲，这种独立性的存在是必要的，它使自己的公正形象得以维持，并获得更多的信任。而在获得更多信任后，便可获得更多评估业务的机会。

其二，教育评估中介机构的独立性并不是绝对的，而是有限的。由于其性质所在，所以难免会与方方面面打交道，而这便导致了其要与方方面面发生关系，因此，它也会受到来自各方面的影响，甚至是压力，从而导致了其“独立性”会在不同的场合以及不同的时间下发生不同程度的变化。

其三，事实上，教育评估中介机构的这种独立性，是在某种规定范围内的独立，因为，该评估机构所独立开展的评估的地位是由法律以及法规所授予的。

总而言之，只要评估组织具备了上述三种独立性，便有被视为中介机构的可能性。虽然政府也创办了一些教育评估机构，且政府也为其提供了极大的支持，但其独立评估的地位只要是由法律或行政法规所授予的，且能够自由开展评估业务，那么，不管项目由谁给，都不会在根本上影响其中介组织的性质。中介组织可以民办，也可以官办，关键是看它有没有自己的独立性。

美国许多著名的高校虽然都是私立的，但办学经费大部分是来自政府的资助，这种情况的存在并不影响它们的“高校自治”和“学术自由”，也不影响它们与政府过度干预的斗争，它们仍然是独立的，是私立的。部分国家的政府尽管在中介机构人员确定、活动费用资助以及薪水来源等方面进行了较大程度的参与，但这些举动并没有让中介机构独立开展活动的地位发生实质性的改变。相关学者曾把中介机构分为三种模式，即“亲学校型”“亲政府型”和“完全独立型”。但从宏观层面来看，前两种模式所描述的是不完全独立的情况，而第三种模式所描述的才是完全独立的情况。但从某种意义上来讲，比起“完全学校型”或“完全政府型”，这种“不完全独立”还是相对独立的，他们之间存在着本质性的区别。

本着要“大力发展中介组织”的观念，我们不但不能指责政府的支持，恰恰相反，我们应该积极争取政府的支持。在教育评估一直由政府控制的情况下，要建立教育评估中介机构，没有政府的支持其难度是可想而知的。中介机构与学校、社会、政府之间都存在着密切的联系，也就是说，中介机构实际上生存在诸多关系之中。

其一，就学校方面而言，它对政府和社会的愿望，需要通过教育评估中介机构这一媒介充分反映出来，进而获得政府和社会的最大支持。其二，就社会方面而言，它对学校的教育活动是有一定要求的，而教育评估中介机构正好能够把社会对其活动的需求反映出来。其三，就政府方面而言，为了更好地对学校教育质量进行调控，政府就需要借助教育评估中介机构的辅助。

如果不能具有相当的独立地位，那么处于这样一种关系网中的教育评估中介机构也就不能顺利扮演政府、学校、社会三方所期待的角色。国家教育评估中介机构的独立性，往往是通过行政命令或法律的形式确认的。

2. 教育评估中介机构是受人之托对委托人负责的一种评估组织

大部分国家的教育评估机构，其权力都集中在政府部门，也就是说，政府对学校进行管理的一个重要手段是对学校进行相应的评估。因此，政府在对学校进行评估前，应当根据自己的管理目标设定评估标准，这充分体现了政府对学校导向性的需求。由此可见，政府在对学校进行评估的过程中，具有两个身份，其一是价值主体，其二是评估主体。这无疑体现了政府对学校的导向性需求。

对学校的评估，目前大部分国家都通过委托相关中介机构来完成。而评估的标准，也都是由政府所委托的相关中介机构研究制定的。在此需要强调的是，这种标准的制定，必须能够把政府的价值观充分体现出来，如果不能体现，那么委托与被委托的关系也就不复存在。在制定标准后，中介机构会用此标准对学校进行一系列评估，且中介机构对其最终的评估结果负责任。而评估结果往往会对委托人的最终决策带来一定程度的影响，但影响程度的大小主要取决于委托人自己，而并非中介机构。这点与政府部门对学校进行亲自评估和决策是有所不同的。

政府部分在大多数情况下会根据政治以及管理的需要对学校进行评估，其中，设计方案、组织实施、总结反馈等，都是评估过程中所包含的基本环节。而这些环节都是由政府全权负责的。这充分体现了政府的“自动性”特点。

学校亦是如此，为了提高自身的教育质量，学校会对自己进行相关评估。当然，社会为了达到合理资助学校以及保障学校教学质量的目的，所进行的评估也具有计划评估与实施评估相一致的特点。市场不仅是中介组织的摇篮，还是中介组织开展评估活动的前提。确切地说，学校、社会、政府的委托，是它评估业务的主要来源。与此同时，整个过程需要先由委托方“想到”，而后再由相关中介组织按照委托方的具体要求去“实现”，中介组织评估结束后，要将其结果汇报委托方，而评估的最终结果也是十分重要的，因为它将成为委托方决策的核心依据。

实际上，没有动议人委托的大部分国家，其中介组织的生存以及业务方面都会出现一些问题。而我们所提及的“依存性”，也并不全是消极、被动地应付，更不是对中介组织的单向依存。相反，其完全可以根据自己公正、科学、客观的专业评估技术，以及所具备的优质服务获得广大用户的认可与信任。甚至可以通过向广大用户主动提供信息服务来获得更多业务机会，从而使“主动”意义上的依存得以实现。

确实如此，部分国家的中介组织主要以法律形式开展评估业务，这实际上属于一种官授业务，而对于大多数国家而言，基于此权利的评估中介机构，主要通过对广大用户提供优质服务、树立自身良好形象来获得用户的认可以及信任，之后便会获得更多的业务。

3. 教育评估中介机构是一种专业性组织

既然是一种专业性组织，那么，教育评估机构的专业性主要表现在哪些方面呢？通常情况下，教育评估中介机构的专业性会表现在四方面：第一，它拥有极其丰富的教育评估相关文献资料；第二，它拥有一批相对稳定的学科专业，同时也拥有一批教育评估专职人员；第三，除了开展评估活动外，教育评估中介机构还对相关评估理论以及实践进行了较为深入的研究；第四，在做专职教育评估的同时，积累了诸多评估经验。由于带有强烈的学术性，因此，这种中介组织与政府评估组织有着十分显著的区别。虽然从某种意义上来讲，政府部门也是动用外部专家组织进行评估，但其专业实力实际上是不能与具有专业性且经营和评估经验都相对丰富的评估中介机构相匹敌的。

由于对评估专业性问题的关注度较低，以至于我国近些年频繁出现“滥评估”“乱评估”等问题，这对我国教育评估组织的声誉带来了极大的负面影响，同时也对评估组织的形象产生了巨大影响。但如果引入一些专业性评估中介组织，就会降低“滥评估”“乱评估”等问题的出现频率，同时也意味着教育管理更加科学化。

4. 教育评估中介机构是一种媒介性组织

教育评估中介机构是以信息传递为主要手段的一种媒介性组织，其介于社会、学校、政府之间。纵观中介组织生产史，我们不难发现，中介组织缺失是学校与政府间矛盾的产物。无论国外，还是国内，当人们对中介机构展开讨论时，往往会从政府与学校二者间的关系上进行。但实际上，社会也是除政府和学校外不容忽视的因素。当然，我们这里所提及的“社会”是一个非广义的概念，指学生、家庭、民间实体总和。他们不仅是教育市场的主力“买方”，同时更是教育评估市场的重要委托人。

我国现阶段对教育体制所进行的改革，主要就是对学校、社会、政府三者间关系的清理。由于我国政府长期以来对学校的控制都比较直接，所以导致大多数学校对此都颇有异议，尤其是在以科学化、民主化为主流的今天，那些缺少自主的高校，将逐渐成为政府的一种压力。但由于此背景下的中介组织具有一定的公正立场，以及传递信息的功能，所以更容易获得双方的认可，双方的关系能够在其工作的过程中得到一定程度的改善，双方间存在的矛盾也容易得到缓和。

我们从社会与学校间的关系方面进行研究不难发现，虽然社会对教育质量的关注度在不断上升，但教育质量并不是通过学校对自己的较好评价就能使他人所信服的，所以，教育质量需要外部给予公论，特别是社会。在学校与社会关系日益密切的今天，中介机构充当了一种公证人的角色，同时也履行了一种“公证”的职能。从某种意义上来讲，它不仅向高等学校反映了社会的需求，同时也成了一种高等学校向社会解释质量的媒介性组织。

（二）教育评估中介机构的组成

1. 决策系统

从某种意义上来讲，中介机构的核心就是决策系统，通常由具备决策权的领导者组成，其任务在于，当中介机构在面对一些关系到该机构未来生存和发展命运的重大事项时做出相关决策。一般而言，决策系统最少包括三方面人员，即政府官员、社会人士、教育界专家。这样才能体现出教育评估中介机构的中介性以及价值的多元化。那么，决策系统为何最少要包括这些人员呢？首先，评估是政府的职责，如果政府官员不参与其中，中介机构就没有了政府代表；其次，社会人士的参与也是必要的，因为中介机构需要把社会对教育的要求反馈于学校和政府，也就是说，中介机构必须具备社会性；最后，对于高校教育的评估而言，其需要由教育界的专家来进行，也就是说，要让懂得教育的人对高校教育进行评估。我国相关教育评估中介机构目前都由理事会进行决策。虽然这种形式是较好的，但切记不可流于形式。

2. 执行系统

通常情况下，我们可以把教育评估中介机构中的执行系统视为决策系统的执行者，制订具体的评估计划是其主要职能所在。除此之外，对制订的计划做进一步的指挥和协调，并确保评估目标得以顺利实现也是其基本职能所在。目前，在教育评估中介机构最高行政长官的领导下，该工作主要由中介机构的专职人员来完成。

3. 咨询系统

我们还可以把教育评估中介机构中的“咨询系统”称为“参谋系统”。其主要职能在于为决策系统和执行系统提供最优决策，以及实施的新理论及方法，为领导提出良好建议。咨询系统大都由专家组成，当然，我们可以在组织内部建立相应的研究室，或是委托外部专家。

4. 监督系统

在第一时间向决策层和执行层汇报决策执行的情况以及在决策执行中出现的一系列问题，是教育评估中介机构中监督系统的主要职能。简言之，该系统主要负责监督和反馈中介机构对各项活动实施的情况。对于教育评估中介机构而言，监督系统的存在是必要的，因为通过该系统，整个机构可以对评估的实行进行及时调整和修正，以确保评估成果与预期目标相符。

（三）教育评估中介机构的职能

1. 评估鉴定

作为代理人的教育评估中介机构，接受来自学校、社会、政府机构乃至公民个人的委托，对某个地区甚至整个国家的学校的办学水平、教学质量、社会声誉等进行相应的评估和鉴定，这便是所谓的评估鉴定职能，具体包括以下方面。

（1）为政府教育行政决策提供服务

在产权关系上，政府与学校委托代理具有不同的地方。当代理人的行为不能被委托人有效约束和监督时，办学者就很有可能出现忽视举办者利益的行为。政府为了将代理人的道德风险控制到最低，就需要对学校进行相应的监督，除此之外，还需要对中介机构的业绩进行鉴定。

学校的办学成果可以通过一系列的相关评估活动反映出来，同时，教育评估中介机构还可在此过程中向政府提供诸多评估信息，缓解政府在监督过程中的费用压力，以确保政府教育体制改革与政府教育投资能够朝着正确的方向前行。

（2）推动学校发展以实现政府目标

从某种层面上来讲，教育评估中介机构能够把学校的需求反馈于政府，而政府与学校之间通过教育评估中介组织进行有效沟通，加深了彼此间的认识与理解。学校可以委托教育评估组织对自己开展评估活动，从而直观且全面地了解自己目前各方面的实际情况以及办学能力等，使学校办学条件和过程都能得到一定程度的改善，并增强学校质量意识，自觉承担起提高教学质量的责任与义务。

（3）为社会组织和公民个人决策提供便利

当社会各组织以及公民个人想对学校进行更为深入的了解时，便可委托教育评估中介机构进行声誉评估以及鉴定评估，从而为社会各组织以及公民个人的决策提供有力依据。

2. 咨询服务

（1）为政府提供政策调研和决策咨询

在评估鉴定实践过程中，教育评估中介机构积累了与教育发展相关的大量有效信息。这些信息在分析、加工、整理后，可作为政府决策的重要信息依据，成为政府的参谋与顾问。

（2）为学校提供发展战略咨询

学校作为市场经济领域之一的教育机构，其竞争力随着经济、科技的不断发展也日趋加强。学校只有具备了自己独特的办学方略，才能在激烈的竞争中立于不败之地。在学校的委托下，教育评估中介机构充分利用了专家的集体智慧，在对学校进行充分了解后，为学校提出相应的竞争战略，同时为学校的发展提供咨询决策服务，成为学校名副其实的发展专家智囊团。

3. 科学研究

教育评估中介机构实际上属于非官方职业中介服务机构，因此，它既是一种纯事物性的实体，又是开展多方面科学研究的重要基地，对评估理论以及方法研究等起到了积极的主导作用。除此之外，教育评估中介机构在评估技术以及文化等方面，也有着得天独厚的优势，具体表现为：其一，在大量实践中，教育评估中介机构可以根据国情探索出适合的评估理论、指标系统以及评论方法等。其二，教育评估中介机构可以对探索出的理论与方法进行更深层次的研究，并在最新研究成果出来后，第一时间将其运用到评估实践中去，从而获得更好的评估效果。其三，教育评估中介机构可以把最终的评估结果通过专著或是论文的形式发布予社会，并虚心接受大众的批评和建议。

教育评估中介机构所具有的科学性是在其一次次的科学研究活动中形成的，同时，这也是其评估声望提高的不竭动力。除此之外，国际性学术交流与合作以及教育评估文化等，都能将科学研究的职能充分体现出来。而且，在组织和参与相关国际学术交流与合作方面，教育评估中介机构所发挥的作用是官方无法替代的。

4. 监督导向

曾有学者这样认为：人类并不是天使，因此需要政府对其进行相应的管理，当然，也正因如此，人类建立起来的各种组织都必须受到来自政府的制约。相关实践证明，代理人在面对多种可选择的信息处理方式时，往往会选择能够高估经营成果和提供信息量相对较少的方式，但委托人往往希望代理人能够提供客观、准确的信息。教育评估中介机构为了能够更好地控制代理人的道德风险，毅然决然地担任起了监督的使命。

政府监督权的委托代理链可通过对学校的外部监督缩短，这在极大程度上提高了其代理效率，不仅堵塞了政府官员寻租的空间，还在一定程度上弥补了政府官员对学校监督的动力不足。在对教育机构进行合格评估、优选评估后，教育评估中介机构便会向政府、被评机构以及社会公众传递评估信息，从而促进政府教育政策的顺利实施，并对被评估的高等学校的办学行为产生较好的监督导向作用，使教学管理得到有效改善，间接提高教育质量。

二、评估中介机构的特征

（一）服务方式的公正性

由于各种利益团体是高等教育评估中介机构的主要服务对象，所以，对于彼此关系的处理以及服务的方式显得颇为重要。我们可以把中介性评估机构视为一种独立的专业服务机构，它只有具备了过硬的服务质量，以及良好的服务信誉（客观公正、专业化）才能在这竞争激烈的市场中生存、发展。因此，中介性机构应当把社会、学校乃至政府视为平等的服务对象，并在此基础上对评估对象做出切实的评估。除此之外，为了防止片面性和主观用事，中介性评估机构还应当吸收社会各界人士，以听取各方面的意见。

（二）运作方法的科学性

从某种意义上来讲，评估中介机构属于专业性服务机构的一种。但就此意义而言，它的“产品”是什么呢？实际上，它的“产品”是其在市场经济条件下对外界所提供的评估服务。评估中介机构想要在市场中取得一席之地，就需要用科学性来保障其质量。为此，中介性评估机构需要对评估理论进行更为深入的研究。这就需要对评估过程中的每一个环节都进行科学思考，且做到科学行事，并在此基础上提高自身的业务水平，在按照规律办事的同时，摸索评估活动的规律，这对评估活动严肃性的维护无疑是有益的，而且，在此过程中还能帮助评估中介机构树立权威。

三、教育评估中介机构的运作

（一）教育评估中介机构的运作机制

我国教育评估中介机构的运作机制与市场中介组织的运作机制有所不同。

我国的市场中介组织基本都以自律调节和市场调节为主，政府基本不会对其进行干预，即便是进行干预，其程度也相对较低。但我国教育评估中介机构的运作机制却以自律调节和市场调节为辅，以政府干预为主。那么，为何会出现这种情况呢？其主要归因于，教育所具有的政治功能、文化功能、教育功能、科研功能等，都对社会产生了巨大影响，所以，政府对高等院校进行干预是很正常的。同时，教育评估中介机构也应当把政府的要求充分体现出来。

另外，在我国，教育评估的市场还不发达，社会的需求也不突出，因而中介组织的数量少、发展速度慢，这种状况不足以构成要建立地区性或全国性的自律组织的条件。当教育评估中介机构系统内部各要素之间的关系发生变化，或是相互作用的方式发生改变时，教育评估中介机构的运行便会出现问题。在运行过程中，学校、社会、市场、政府等，都是教育评估中介机构所涉及的方面。而教育评估中介机构往往会采用以下几种机制。

1. 依靠政府为主

由于我国管理教育的主体是政府，所以政府的权威是极其强大的。其主要表现在：第一，对于教育而言，政府的干预是合法的，但如果是团体对教育进行干预，那么，便需要得到政府的授权。如此，我们便可以理解为，当中介组织想要对教育进行评估时，要先通过政府的授权才可往下进行。第二，评估是政府对高校进行宏观管理的一种法定手段，中介组织只有被纳入政府管理渠道后，才能对教育使用此手段。第三，对高校要不要评估，何时评估，由谁评估，评估后有何种措施，这些都是政府的事情，中介组织只有得到政府的委托，才能获得评估的业务，才能由一个市场主体转变为评估主体。

2. 依靠市场为辅

除了政府外，教育评估中介机构的运行还需要依靠市场。因为，倘若仅听命于政府，那么，教育评估中介机构便失去了独立性。要知道，教育评估中介机构的实质是一种中介组织，而并非是一种政府职能组织。而且，如果完全依靠政府，还会对政府的财政造成一定压力，因为这与增设一个部门并无差异。与此同时，还会使组织的改革难度升级。基于此，政府也不会让中介组织只依靠自己。

所以，教育评估中介机构应当借助市场这一平台，多与学校和社会进行联系，并在此过程中，赚取部分生存本钱。但需要强调的是，由于目前的评估市场还处于相对滞后的状态，所以只能作为一种辅助手段，不可完全依靠。

3. 依靠专家为本

高校对外部的评估要求极高，这主要归因于教育改革的不断深入，以及传统高校的文化精英地位。也就是说，要想获得用户的信任，教育评估中介机构就需要具备较高的评估权威性。从某种角度来讲，高校完全有能力把那些业务不精的评价中介机构，甚至是外行评价中介机构置于尴尬境地，这对评价中介机构的威信而言，无疑是一种巨大的打击，会对其今后的业务造成极大的负面影响。

由此可见，教育评估中介机构不仅要有一定的评估权威，还要有广泛的专家网络，如此便能确保每次评估的质量，从而令人叹服，获得良好口碑。同时，这也是教育评估中介机构正常运行的根本所在。

4. 尊重学校自评

高校实施内部质量保障的手段有很多种，而教育评估的自评就被包括在内。需要强调的一点是，中介机构对学校进行评估的最终目的是保障和提高教育质量，而非单纯地对学校进行评估。

教育质量保障从来都不是他人的事，而是学校自己的事。相关实践证明，教育评估是否具有价值，主要取决于高校自身是否具备了质量保障的意识和行为。所以，我们与其把外部评估视为一种外部质量保障，倒不如把其视为对高校自我质量保障起到促进作用的一种外部力量。由此可见，教育评估中介机构只能帮助高校诊断问题，并在此过程中不断完善其质量保障体系，但不能成为高校的“裁判”。因此，教育评估中介机构对高校的自评应持尊重态度。在进入学校前，专家组应听取学校的意见。

5. 依法独立经营

教育评估中介机构也要在法律以及政府所规定的框架中运行，不得对相关法律法规持无视的态度，甚至做出违法行为。然而，想要使教育评估中介机构更好地独立运行，就需要一个结构合理的组织作为基础前提。换言之，决策、执行、监督、咨询，这四个系统应做到协调一致、相互支持。事实上，政府、市场、专家三者已经构成了一个中介机构运行的支持系统，而学校与中介机构之间也已经构成了机构运行的主客体系统。在政府、社会、评估专家的大力支持下，中介机构对学校进行了相应的评估，从而提高了学校的办学质量。

（二）教育评估中介机构的动力机制

1. 物质动力

物质动力是根据人的物质需要所产生的动力。物质需要是人的最基本需要，人们对自己劳动成果的关心和追求是推动中介组织运行的根本动力。物质动力首先表现为通过劳动而给人们带来的物质利益，它的核心是人对物质使用价值持久而热烈的追求。中介组织的评估服务是一种劳动，通过出卖这种服务可以从受服务者手里获得报酬，从而弥补了服务成本，产生了经济效益。经济效益越多，中介组织的发展就越快，成员的收入水平也就越高。

因此，经济效益就成为推动中介组织评估的动力。从这个意义上说，完全官办的中介组织中，由于组织所付出的评估劳动与个人的收益不成比例关系，成员完全是靠工资收入，这样的机制不利于调动成员和组织的积极性。

2. 精神动力

精神动力指的是组织及其成员在心理、观念、理想、信仰等精神方面的追求所形成的行为动力。组织及其班子成员除了具有物质需要外，还有精神方面的需要，这种精神需要主要是指满足心理欲望的需要，追求道德价值的需要，实现理想的社会制度和理想人格的需要，充分施展自己的才能，不断进行创造和发展的需要等。在组织中，人员为了满足自己的精神需要，形成了强大的精神动力而推动着组织工作的开展，这种动力的核心是由于对崇高理想的坚定信念而激发出的高度积极性和创造性。

3. 政府压力

政府压力是指政府通过政令而对中介组织所提出的必须完成任务的要求。我国目前的大部分教育评估中介机构都是带有国家编制的事业单位，是教育行政管理部门的下属单位，因此，他们有责任完成上级布置的任务。作为一个独立法人，政府与中介组织的关系是委托与被委托的关系，但作为一个下级部门，政府与中介组织的关系是命令与执行的关系，上级的命令就是一种压力，完不成任务就会有遭上级批评乃至影响组织及个人前途的可能。因此，对于上级交代的任务，有钱要干，没钱也要干。在许多场合下，政府的压力对于推动中介组织的运行起着相当重要的作用。

四、建立高校外部教学质量保障体系时评估中介机构的原则

（一）中介独立的原则

从某种层面来看，教育评估中介机构并不单独依附于某些学校、某些社会集团或是政府，而是吸收了社会各界人士参与其中，在依据教育目标评估标准的前提下，认真倾听各方面意见，对高等学校进行客观且公正的评估，并对其教学活动以及教学质量做出正确的价值判断。所以我们在建立教育评估中介机构初期，就应当以其独立为主要原则，只有这样才能确保其中介地位的稳固，如若不然，便会失去公正性和独立性。

（二）规范运作的原则

自从我国加入WTO以来，许多境外办学主体都纷纷来到我国，进行独立办学或是与我国相关办学主体合作进行办学，也正因如此，我们更需要建立一个被国际所认可且相对公平公正的高等学校教学质量评估机构，以作为高等教育国际交流与合作办学的重要参考依据。由此可见，高等教育国际化离不开高等学校外部教学质量评估机构，因为它是高等教育国际化的重要组成部分。所以，评估机构的运作应当走上更为规范化的道路，并以此来满足我国高等教育与国际接轨的需求。然而，需要进行规范的都有哪些内容呢？例如，评估程序的规范化、财务管理的规范化、人事制度的规范化等，都是需要规范的主要内容。除此之外，政府相关政策的约束以及社会的监督也是不容忽视的。当然，即便是我们从长远的角度来进行分析，也不难得出，中介性评估机构只有把规范运作作为自身发展的原则，才能真正得到长久的发展。

（三）分级设置的原则

基于我国社会主义市场经济发展趋势，以及高等教育管理体制的改革要求，我国现阶段应当建立地区级和国家级评估中介机构，并在此基础上组织、领导、协调各级范围内的高等教育评估活动，为了将各自的作用以及职能充分发挥出来，应当进一步实行分级设置、分级管理。

地区级组织主要负责对地区具体评估方法进行相应的制定，积极组织、实施并协调地区性评估活动。在评估过程中，要根据高等学校的要求进行，对高等学校评估结论的结果进行申诉，最主要的是对高等学校进行定期质量审计。搜集和宣传地区高等学校的评估经验，为地方政府提供高等教学相关决策信息，以及咨询和相关政策建议。

针对国家组织，其需要在全球范围内发挥自身的作用，主要负责制定评估政策框架，定期对地区性评估机构的评估政策、程序、方法、结论等进行审查。对政府所委托的高教评估项目顺利实施，并在此基础上，对有关高等学校的评估结论进行申诉。除此之外，在整个评估过程中，还应当对各地相关评估工作的良好做法进行搜集、总结、传播等。与地区性评估机构不同的是，国家组织主要为政府提供相应的决策以及必要的信息与咨询服务，同时向政府提出与高等教育发展相关的政策建议。

（四）科学实用的原则

只有获得了社会的认可，中介性评估机构才算取得了发展。然而，中介性评估机构要想获得社会的认可，就要不断提高自身的科学性。因此，评估活动中的每一个环节都要科学实用，且与高校的实际情况以及未来的发展方向相符。为了有效提高评估活动的科学性，中介性评估机构需要加强对评估理论的研究，并在具备科学评估理论的前提下，组建具备强大专业性的评估人员队伍；为了扩大评估机构的社会影响力，要积极创建评估信息网、数据库等。

（五）广泛参与的原则

事实上，高等教育评估中介机构并不是一般的只承担评估技术操作任务的事务机构，而是一种专业的实体组织，其具有一定的理事性质，且能够将其自身的作用独立发挥出来。因此，其最高决策机构往往是理事会，其内部成员往往由政府人员、各界知名人士组成。除此之外，在高等教育评估中介机构内部，还会设置多元化专门委员会，其主要职责在于负责各种相关事务。组成评估机构的成员应当具备广泛的社会代表性。而对于高校的组织成员来说，其应当符合标准比例，以便于较好维护高校的自主权。

第五章　地方本科院校教学质量评估与控制体系

高等学校教学质量评估与控制体系是高等教育大众化过程中质量保障的重要内容。本章主要介绍了地方本科院校教学质量评估体系、地方本科院校教学质量控制体系两方面。主要内容有教学质量评估的标准和内涵、教学质量评估信息的采集与处理、高等学校教学质量体系、高等学校教学质量检查等。

第一节　地方本科院校教学质量评估体系

一、教学质量评估的标准和内涵

确立教学质量评估的标准和内涵是高等学校进行教学质量评估实践的前提，是建构教学质量评估体系的一个不可或缺的组成部分。在这里，我们主要对教学质量评估的标准和内涵进行简要的阐述。

（一）教学质量评估标准的界定及作用

1. 教学质量评估标准的界定

“标准”一词，在现代汉语中有两种意思：一是指衡量事物的准则；二是指事物本身合乎准则，可供同类事物比较核对，它是价值的陈述或断语。据此，评估标准有广义和狭义之分。

广义的评估标准通常是指搞好评估所应遵循的原则。在 20 世纪 80 年代以前，国内外对教育计划、课堂教学等有关教育教学的内容进行评估还没有一个公认的标准。直到 1975 年，美国的 12 个专业委员会组织 200 多名教育家和评估者组成了教育评估联合会，专门研究和探索教育领域内有关的评估标准问题，并于 1981 年公布了一套标准体系。自此，国际上热衷于教育评估标准的组织和队伍不断扩大，逐步提出了一系列有关教育、教学等方面评估标准的看法或意见，关于评估标准的内容要素与设计方法也逐步建立起来，形成了更加完善的教育及教学评估体系。

狭义的评估标准是指由强度、频率、标号和标度所构成的评定等级的集合。强度是指指标达到项目要求的程度或各种规范行为的优劣程度，又称定性标准，如在等级评定过程中，对于什么是优秀、良好、合格和不合格等的规定；频率是指达到指标体系项目要求的数量或各种规范行为的相对次数，如在本科教学工作水平随机性水平评估中，教学管理指标中达到A级的次数；标号指对不同强度和频率的标记符号，它本身并不具有独立的意义，它只是表明一种分类的结果，如A、B、C、D等。但是，一旦赋予它意义，它则具有等级的意义，如上述教学管理指标体系中的A级，标度是测定的单位标准，它既可以是定量的，也可以是定性的。其主要是用于评估单位对相关数据的处理。

综上所述，可以说教学质量评估标准是按照一定的教学工作评估目的，运用相关的评估方法对教学工作具体内容所做的规定。在实际操作过程中，人们倾向于将评估标准具体化为具有可操作性特征的各级评估指标体系，即人们常称的评估指标体系。

2. 教学质量评估标准的作用

（1）评估标准的确立是进行教学质量评估的基础

一方面，开展实质性的教学质量评估必须在确立评估标准之后才能进行，否则，没有评估标准的评估活动就会因没有一个统一的尺度，导致评估结论因人而异，具有很大的主观性，不能很好地对被评对象做出真正的价值判断；另一方面，确立评估标准的过程也是对评估对象进行深入分析和认识的过程。对任何事物的评估，都离不开对被评对象特征、规律等的剖析，并由此形成统一的认识，特别是在确立指标及相应的权重上，更是如此。这就为统一评估思想、协调评估活动奠定了坚实的基础。

（2）评估标准的确立对规范教师的教学活动起积极作用

指标体系是根据学校的教育培养目标确立的，而教师的教育教学行为都为实现学校这一教育培养目标而开展。换句话说，为了实现学校的教育培养目标，教师的教育教学行为应当是在教学质量评估标准的规范下进行的，否则，学校的教育培养目标就成为一种虚设。

因此，尽管教育理论或教育实践中都倡导教无定法，提倡教师的个性化教学，但这并不意味着教学是没有规范的，从这个意义上讲，教学质量评估标准的确立无疑对规范教师的教育教学行为起着积极作用。

（3）评估标准的确立为改进教学管理工作提供依据

开展教学质量评估是进行教学质量管理的一个重要手段。从某种程度上说，进行教学质量评估其实就是一种教学质量管理活动。事实上，一套科学完整的教学质量评估指标体系就是一套具体的教学质量管理目标，这些管理目标又是为学校整个的教育目标服务的，因此，它们为学校的教育教学管理提供了线索和依据。具体说来，表现在两个方面：一方面，学校可以根据这些指标体系，制订学校整个教学管理的工作计划，明确教学管理工作的重点和方向，确保学校的管理工作有条不紊地运行；另一方面，学校还可以对照这些指标体系，深入分析所积累的有关数据，及时发现自身的优势和不足，以扬长避短，充分发挥自己的优势，查漏补缺，规范教学管理。

（二）教学质量评估标准的内容

由于被评对象的差异，教学质量评估标准的内容根据不同对象可以不尽相同。就教学质量而言，可分两个层面来确定其评估内容。一是教学工作质量，这是宏观层面的；二是教师教学质量，这是微观层面的。这两个层面的评估内容当然也就不同。

1. 教学工作质量评估标准

从宏观上考虑，学校的教学工作是一个系统工程，包括学校的教学工作思想、教学基础设施、师资队伍建设、教学管理建设等，这许多因素都影响和制约着教学工作质量。因此，学校教学工作质量标准的确立必须要从宏观上进行考虑。

（1）教学工作质量评估标准

①根据现代教育思想和社会发展对人才的新需求，制订或建立与学校办学定位相符合，具有时代和社会特征的教学工作思路；②教学中心地位确立，学校第一责任人的教学质量意识强，一贯重视教学工作，正确处理教学工作与其他工作的关系。

（2）师资队伍建设质量评估标准

①师资队伍的整体结构合理、发展趋势好；②高级职称教师上基础课的比例高，主讲教师符合岗位要求；③师资队伍整体培养规划合理、制度健全、措施得力、落实到位。

（3）教学条件质量评估标准

①教学基础设施（包括教室、实验室、实习基地、运动场地及图书馆等）

完备，能充分满足教学需要；②教学经费来源多样且数量充足，能满足教学质量持续发展的要求。

（4）教学建设与改革质量评估标准

①专业规划科学合理，符合学校办学定位；②教学计划的制订与执行充分反映学校的人才培养目标；③课程建设与规划符合社会对新型高素质人才的需求。

（5）教学管理质量评估标准

①教学管理人员结构合理，素质高；②教学管理制度完善，执行严格，落实到位；③教学管理实践与管理研究联系紧密，管理成果突出。

2. 教师教学质量评估标准

教师教学质量因评估的侧重点不同而有不同的评估标准，在这里，我们侧重于教师的课堂教学行为评估。教师的课堂教学评估标准主要包括以下内容。

（1）教学准备工作评估标准

①教学计划：研究教学大纲，明确教学目标，掌握教学的具体要求和标准；确定教学的目的、任务和内容以及重点与难点，并制定相应的教学措施；制订好学期教学工作计划。

②备课：确定正确的课堂教学目标；合理安排课堂教学的结构与内容，选择适当的教学方法；教案规范完整、详略得当；熟悉整个教学环境，相关的教学辅助用具准备充分。

（2）教师课堂教学评估标准

①教学目标：教学目标明确，在符合专业培养目标要求的基础上，既包括知识与技能要求，又包括思想品德要求；教学过程中，教学目标充分全面体现，学生通过努力能够掌握。

②教学内容：具有思想性，将品德教育寓于教学过程中；具有科学性，反映科学发展的新成就；理论联系实际，注意同社会生产等实际紧密结合；基本概念、理论、原理讲解清楚，重点难点突出；教学演示熟练准确，结论科学。

③教学方法：教学方法促进师生教学互动、教学相长；广泛使用现代化教学手段，教学效果好；教学方式多样，重视实践性教学。

④教学组织：教学时间利用科学，教学过程安排合理；课堂教学氛围宽松民主，师生交流和谐。

⑤教学基本功：板书设计合理、清晰、简洁、正确；普通话准确，语速语调适中；教学时间分配合理，按时上下课；辅助教学用具出示恰当，操作熟练。

⑥教学态度：教学认真负责，关心学生思想和学业的提高；具有教学机智，正确处理偶发事件；教态大方自然，对学生公平公正。

⑦教学效果评估标准：完成了本课堂的教学任务，达到了教学目的；学生有充分的训练机会，现场效果好；学生学习积极主动、兴趣高涨；学生基本理解掌握教学内容，并能解决一些实际问题。

（三）教学质量评估标准确立的原则

1. 导向性原则

教学质量评估标准是根据学校整个教育培养目标而制定的，因此，教学质量评估标准应有明确的导向功能，通过评估使评估对象的思想和行为不断地向评估标准迈进。例如，2001 年教育部对全国 25 所本科院校进行的本科教学工作随机性水平评估，其评估标准就有明确的导向性，即要求各高等院校要重新审视本校的办学思想和办学定位，确定教学工作的中心地位，改善教学基础设施，加大教学经费投入，努力提高教学质量。因此，在确立教学质量评估标准时，应充分考虑到评估标准这一特征，确保评估标准具有很好的导向性。

2. 整体性原则

作为一个系统，教学质量评估指标体系应具有整体性，并且应尽量体现所要达到的目标。体系内部应该是统一完整的，各项目应该是全面的。如果确立的指标体系没有考虑到整体性的要求，那么由此而开展的评估工作就失去了其应有意义。强调评估指标体系的整体性，一方面要求切实保证不舍弃那些能反映教学质量的实质性指标；另一方面，对于那些相对而言非主要的指标也不可忽视。

3. 客观性原则

确立的教学质量评估标准应是客观的、符合实际情况的，唯有如此，在运用这些评估标准进行教学质量的评估时，其结果才能确切地反映学校或某位教师的教学水平。如果教学质量评估标准从个人的主观臆测出发而确立，那么运用评估标准进行教学质量评估所得出的评估结论自然不能真实地反映学校或某位教师的教学质量的实质，评估结论自然也没有任何科学性和生命力。

4. 可操作性原则

确立的教学质量评估标准必须具有可操作性，主要表现在两个方面：一方面，确立的评估标准必须能准确反映教学质量的实质，换言之，评估标准必须具有很好的信度和效度；另一方面，确立的评估标准应是简易可行的，在人力、物力、财力、时间等方面都能为人们所接受，是可以即时运用的。

二、教学质量评估信息的采集与处理

高等教育质量观的多元化是高等教育迈入大众化阶段的必然反映，而高等教育质量观的多元化则势必引发高等教育质量评估的多元化，进而促使教学质量评估信息采集和处理方式的多元化。教学质量是高等学校教育质量的一个核心元素，因而，教学质量评估是高等学校教育质量评估的一个重要组成部分。在教学质量评估实践中，评估信息的采集与处理至关重要，它是确立教学质量评估标准后、进行实际操作前的一个重要环节。因为评估信息获得的渠道是否通畅、信息是否真实可靠、信息的处理是否科学合理等，在很大程度上影响着教学质量评估结果的真实性及普遍适用意义。

（一）教学质量评估信息的采集

影响教学质量的因素是多方面的，如教师的教学水平、学生的素质及学风情况、教学内容、教学设施、教学管理水平等，这就导致了教学质量评估信息来源渠道的多样性。评估信息来源的多样性决定了采集评估信息方式的多样性，因此，在评估信息的采集过程中，要结合教学质量评估的要求或特点以及评估信息的性质选择适当的方法进行。

1. 观察法

观察法即按照教学质量评估指标体系的要求，有目的、有计划地对评估对象在自然状态下或受控状态下的行为表现进行系统、深入的观察，以获取教学质量评估信息的一种方法。其显著的特点是它是在一种很自然的状态下进行的，观察的对象（人或物）都可以和往常一样活动与学习，不会产生被强迫的感觉，在这种情况下采集到的信息都是被观察者的常态表现，是真实自然的。在观察法中，一般可以通过以下几种途径来获得教学质量的评估信息。

①参观。参观是一种常用的方式，主要用于对影响教学质量静态的物质因素的分析。观察者可以通过参观直接了解这些物质因素，如了解教学环境、教学基础设施等。这些了解到的信息对于评估教学质量很有帮助，甚至在很大程度上能够形成对教学质量高低的价值判断，如了解到一所学校的实验室设施陈旧，仪器使用率低，实验开出率低，就可以马上断定这所学校的实验教学质量是低下的。

②听课。听课是观察法中最重要的一种形式，也是进行教学质量评估不可

或缺的重要手段。因为课堂教学是学校整个教学活动开展的主渠道或主战场，教师的教学行为和学生的学习行为都可以在课堂上展现出来，进而反映教师的教和学生的学的质量。目前许多高等学校实行的教学调研员制度、教学信息员制度、教学视导制度以及学校党政一把手、教务处领导干部等的听课制度等，都是利用听课这一重要手段及时了解和掌握教师的教学情况的。

③参加会议。参加各种会议，如学校的教学工作代表大会、教务处教学管理工作会议、各院系的教学研究会等。通过参加这些会议，与会者可以知道学校、院系两级的办学定位和教学指导思想，以及教师与学生的教与学的思想动态等其他与教学相关的资料。

应用观察法获取教学质量评估信息时，为了保障信息的科学性与准确性，在观察时应遵循以下几个方面的原则。

第一，观察的客观性原则。无论采取哪种观察形式，对于自然状态下的现象，观察者都要坚持实事求是的态度去观察正在发生的行为，不能带有个人的主观意志。只有这样，观察后得到的信息才有可能是真实可靠的，在对教学质量进行评估时才能有理性的根据。

第二，观察的全面性原则。就是要对影响教学质量的各种因素或某一因素的所有方面进行全面的、系统的观察，观察事物的各个方面、事物的全体、事物发展的全过程。教学质量是一个系统的过程或者说是一个整体，因而获得的有关教学质量的评估信息只有是全面的、系统的才最有说服力。例如，对某教师的课堂教学质量进行观察，如果观察者只是听了一节课，并没有对该教师进行跟踪观察，而且对他的课后行为也没有进行实地了解，那么对这个教师得出的教学质量高或低的评估都可能是有失偏颇的。

第三，观察对象的典型性原则。观察对象一定要具有代表性或典型性，符合统计学的抽样要求，否则，即使观察再客观全面，得出的评估信息也不具有普遍适用意义，不能推广，不能大面积说明和解决问题。例如，对某省高等学校教学质量的评估，如果只是随便选了某个地区的同一性质的几所高等学校作为观察对象，这种情形下观察得到的某省高等学校教学质量的评估信息，以及因此而形成的评估结论的可信度自然值得怀疑。

第四，观察的计划性和目的性原则。整个观察过程应该是有目的、有计划、有步骤进行的，绝不能只凭个人爱好或兴趣行事，导致观察的零散。

2. 调查法

调查法指的是评估者深入教学实际，发现教学问题，以进一步深化教育教学改革、改进教育教学质量时所采取的一种方法。调查法是一种很实用的方法，其优点在于能用较少的时间解决某一专项问题。例如，针对高等学校新教师教学质量低的问题，许多学校的教育工作者仁者见仁，智者见智，各有各的道理。有人通过调查得出了令人信服的结论，认为新教师的上岗培训是影响新教师教学质量的一个重要的因素，这一结论的形成对于推动高等学校新教师教学质量的提升有着重要的意义。调查的具体方法有很多，如开调研会、访谈、问卷调查等，在实际的调查过程中，应该按照实际情况灵活运用，这样才能获得有价值的信息。运用调查法获取评估信息时应该遵循以下几个原则。

第一，目的性原则。开展教育调查，往往要耗费大量的人力、财力和物力，大型的调查往往需要各方面、各层次、各系统的参与。如果调查前目的不明确，那么，这样的调查要么事倍功半，要么一无所获，浪费人力、财力和物力。

第二，量力性原则。这是指要根据实际情况来确定调查范围的大小，注意调查对象的典型性与代表性。例如，调查社会上用人单位对某高等学校毕业生学习质量满意程度的情况，这是一项很大的工程，调查的范围非常大，涉及面十分广，尽管从理论上讲对所有毕业生所在的用人单位进行调查是最好的，但实际上并不能做到，这就需要考虑到人力和物力实际，量力行事，适当选择有代表性和典型性的用人单位进行调查。一般而言，调查范围不宜太大，既要考虑到理论上的需要，又要结合自己的实际情况，做到实事求是，量力而行。

3. 测验法

测验法即通过测验的形式来了解教学质量有关信息的方法。这种方法在很大程度上侧重从结果评估来获取有关信息，其主要是通过对人进行测验来获取相关信息。例如，教育部每年在对全国本科院校进行教学工作水平评估时所进行的计算机应用能力、英语水平等技能的测试，其结果就很能反映出被评学校计算机教学和外语教学的质量。在运用测验法收集教学质量评估信息时，要注意以下几个问题。

第一，测验工具本身的特征问题。从测量学的角度上看，一个科学的测验工具首先要具有较高信度和效度水平。所谓信度即指测验稳定地反映被测对象实际水平的程度；效度是指测验能准确地测量出被测对象特性的程度。信度和效度是一个测验工具得以存在的重要条件。另外，考虑到学校教学的实际情况，在运用测验法进行教学质量评估信息收集的时候，必须要考虑测验工具的适用性，否则，尽管测验工具有很好的信度和效度水平，得出来的教学质量评估信息也不能反映出被评对象的真实水平，如在教育水平较发达的地区，人们对教师的教学水平的评估要求也肯定比较高，因此，如果以这种评估要求为测验尺度去了解教育水平比较低的地区的教学质量信息，其得出的信息的失真度自然比较高，这就不能很好地反映出当地的教学质量情况。

第二，测验对象的抽样问题。在运用测验法了解一所学校的教学质量时，我们不可能对影响教学质量的所有因素进行测验，如想了解一所高等学校公共外语的教学水平，不可能也没必要对全校学生的外语水平进行测试，而通常是抽取部分学生进行测试。因此，在运用测验法进行教学质量评估信息收集的过程中，就涉及被试的抽样问题，只有在确保被试具有广泛的代表性和典型性的情况下，施测后所得的教学信息才是最具普遍意义的。这要求我们在施测前，必须运用科学的抽样技术选择被试，确保被试的代表性和典型性。

另外，通过文献的查询也可以了解一个学校或教师教学质量的有关情况。当教学质量评估的对象确定之后，按照教学质量评估指标体系的要求，通过全面、真实、详细地收集反映评估内容要求的教学资料、文件和统计资料、报表等，对它们进行检索、整理、统计等，从而可以获取教学质量的许多信息。例如，通过对学校教学档案中存放的有关教学管理文件的查询，就有可能了解一个学校对教学工作的重视程度，如果一个学校的教学档案工作不规范，有关教学管理的文件、制度不全，对教学的管理没有形成制度化、规范化的管理模式，就很难说这所学校的教学质量管理是好的。

（二）教学质量评估信息的处理

尽管教学质量评估信息的采集方式具有多样化特点，但是，对采集后的教学质量评估信息的处理，却可以采用以下两种形式。

1. 教学质量评估信息的整理

通过前面的调查、观察、测验等方法获得的教学质量评估信息无疑是杂乱的，要想真正形成对教学质量评估有用的信息，还需要进行进一步的整理与分类，使原始信息系统化、科学化，只有经过处理的信息才能真正对评估有用。一般而言，收集的资料可以分为两种：一为文字型资料，二为数据型资料。相应地，对这些资料的整理也可分为两种形式，即文字型资料的整理和数据型资料的整理。

（1）对文字型资料的整理

在教学质量评估信息的收集过程中，人们常常得到的是文字型资料，如通过对某教师课堂教学的听课，收集到有关教师教学行为的一些信息：教师的语言表达能力、对课堂秩序的调控能力、对教学内容的驾驭能力等；又如对学校办学定位考察所形成的意见等。利用统计学的有关原理，将它们数据化，使之变成数据型信息，以便对它们进行统计分析。

（2）对数据型资料的整理

如学校、社会中介机构、学生对教师课堂教学的评分，教师对学生进行测验所得的分数等，都是数据型资料。对它们进行整理，可以按照评估者的要求，用信息分析方法，借助计算机或手工等手段处理数据。

2. 教学质量评估信息的处理

（1）文字型评估信息的处理

①分析与综合。任何事物和现象都有其特定的构成部分，要对这事物或现象进行深入研究，以探讨它们的本质与发展规律，首先需要对它们的组成部分进行研究与探讨，这就是分析。换言之，分析即将复杂的研究对象分解成各个部分和构成要素，并对它们进行研究以认识这些要素或部分的性质和特点，如对一所高等学校的办学质量进行评估研究，对该高等学校的师资队伍结构、教学基础设施、办学思想定位、教学管理水平等方面进行研究与评估，即是一个分析过程。综合与分析是两个对立统一的过程，它是指将研究对象的组成部分或构成要素统一起来，从整体上对它们进行研究与探讨的过程，如前所述，将该高等学校的教学师资队伍结构、教学基础设施、办学思想定位、教学管理水平等方面的研究与评估统一起来形成一个整体的认识，即是对该高等学校的一个综合评估。

②归纳与演绎。归纳与演绎是一对相互对立又统一的关系。归纳法是从个别事物到一般性理论的推理方法。它从各种具有独特的规定性而相互区别开来的单个现象、事物和过程中寻找出共性。演绎法是由一般性前提到个别性结论的推理方法。它从同类事物都具有一般属性、关系来推测该类个别事物所具有的属性、关系。

归纳法的形式有：一是完全归纳法，即对同类的全体对象做出一般性的结论。这个结论带有必然性和确定性，是可靠的。但它只适用于比较简单且数量不多的对象。二是不完全归纳法，即通过研究某类对象的一部分，对该类对象的全体做出一般性的结论。当同类对象数目很多或无限，因而无法全部直接研究时，常常用这种方法进行研究，它是认识自然界和社会发展规律的必要条件。

归纳与演绎在认识过程中是相互补充的，往往是一个为主另一个为辅，互相渗透。这是因为归纳所依据的经验材料可能是不完备或不准确的，而归纳本身发现不了，这时有必要用演绎法进行推论，使人们在实践中逐步提高对事物的认识。演绎为归纳提供指导，归纳又为演绎提供了正确的前提。

（2）数据型信息的处理

对于收集到的有关教学质量方面的信息也需要进行整理与加工，使之符合评估的目的和要求。数据信息的处理步骤为：检查资料、分析数据、编制统计表（图）等。

检查资料，即对原始资料进行检查。要检查资料的完整性，如根据评估的目的查看所收集的评估信息是否重复或有遗漏，或看评估信息是否有明显的错误，需要采取措施进行相关处理，或是删除，或是补充，或是改正等。

统计分类即将获取的教学质量评估信息按照一定的标准进行分类。从统计学的角度来看，统计分类一般有性质分类和数量分类两种。

性质分类即按评估信息的属性、类别、等级等进行分类。如教师的教学行为、学生的学习行为、学校的教学管理行为与教学实践行为、学校的办学特色等。这些分类往往能直接反映一定的教学质量。

数量分类即以获取的评估信息的数量大小为分类标准进行的分类。数量分类可以通过顺序法、等级法等实现。顺序法即将观察所得数据从大到小或从小到大进行排列。例如，以院系为单位对学校历年来的英语四、六级考试的通过率进行排序，来考察各院系的大学英语教师的教学质量；又如对近年来各院系本科生的考研率进行排序来评估各院系的专业教学质量；等等。等级法即按照顺序排列划分等级，在这里，等级值所代表的意义是不明确的，是以等级值大的为第一等级，还是以等级值小的为第一等级，这需要让评估者或根据评估的意义来定。

3. 教学质量评估的方法

教学质量评估的方法是指评估主体为完成评估任务而采用的方法和手段。在高等教育大众化背景下，评估主体、评估标准等不同，导致了教学质量评估方法的多元化。尽管教学质量评估的方法具有多元化的特点，但在实际的教学质量评估过程中，为了提高评估结论的真实性，往往是多种评估方法有机结合、灵活使用，而非单单使用某一种评估方法进行评估。下面对这些方面做简单介绍。

（1）自我评估法

自我评估法是评估对象根据已制定的教学质量评估标准和要求，对自己的教学工作进行价值判断的一种方法。随着西方人本主义思潮的兴起及发展，教育评估理论形成新一轮的改革热潮，即随着对人的主体性研究的深入，在教育评估中处理好评估者与被评估者之间的关系，充分尊重和发挥被评估者的主体地位和作用，重视被评估对象的自我评估，强调“评估是一种理解性的评估”等，日益成为当代教育评估理论的一个明显特点。在实际的教学质量评估过程中，根据不同的评估目的，评估又有纵向评估和横向评估之分，评估主体着眼于自身的发展而进行的评估是纵向评估，着眼于与同类学校相比较而进行的评估是横向评估。由于评估主体也是整个教学活动或教学管理活动的主体，因而，评估主体在对自身的教学质量进行评估的过程中，往往更能发现自身教学质量的优势与不足，但是自我评估由于缺少外界的参照标准，所以也具有难以进行比较和鉴别的缺点。

（2）他人评估法

他人评估法又称非自我评估法。在他人评估法中，根据评估的性质，他人评估也有不同的类型，如校际评估、社会中介机构评估，以及上级教育行政部门对下属学校的教学质量进行的评估或学校教学管理者对教师的教学质量进行的评估等。相对自我评估而言，他人评估更具有客观真实的特点，但他人评估法的开展需要耗费比较多的人力、物力、财力，而且组织工作也比较烦琐。在当今实际的教学质量评估过程中，人们往往把自我评估与他人评估结合起来使用，使两种评估方法相得益彰、互相补充。

（3）相对评估法

相对评估法也称常模参照评估法，指的是在评估对象集合中先取一个或若干作为标准或常模，然后把各个评估对象与这个常模进行比较，确定其位置，或者用某种方法将所有评估对象排成先后顺序。其特点：第一，根据评估对象集合的整体状况确定和判断某一个或某一些评估对象的相对水平；第二，评估是在某一个集合内部进行的比较、判断或排序。换言之，即“矮子里面选高子”。相对评估法是目前高等学校教学质量评估过程中适用性比较强、适用面比较宽的一种评估方法。其不足之处在于：评估的结果并不表示评估对象教学工作质量的实际水平，只表示其在集合中所处的相对位置。因此，如果集合的整体教学水平比较低，那么集合中排序在前的评估对象的教学水平也未必就高。另外，评估标准或常模并非放之四海而皆准，它只适用于某种特定的集合，对于其他的集合可能不适用。

（4）绝对评估法

绝对评估法是相对相对评估法而言的，它指的是在被评对象集合之外，根据一定的目标和准则确立评估标准，解释评估结果，从而做出评估结论的一种评估方法。相对于相对评估而言，绝对评估的特点在于：第一，评估标准存在于评估群体之外，且于评估活动开始之前就已确定；第二，评估结论是被评对象与评估标准相比较的结果，与被评对象在群体中的位置没有任何关系；第三，评估结论的意义更多的是达标性而不是选拔性。

运用绝对评估法对教学质量进行评估的关键在于制订评估标准。由于绝对评估法所用的评估标准存在于被评对象之外，因而在制订相应的评估标准时，必须对全体评估对象的性质、水平、特点等进行充分的考虑，经过仔细的研究和实践才能加以确定，而不像相对评估法所用的评估标准，可以通过被评对象间的相互对比获得。由于绝对评估法的直接依据是教育教学目标，因而，运用绝对评估法对教学质量进行评估能非常清楚地反映出被评对象的实际水平，如被评对象的现有水平与既定目标的差距表现在什么地方、程度如何等。这就为被评对象实现其“以评促改，以评促建”的目的指明了行动方向、提供了行动依据。当然，由于绝对评估并不关心被评对象在整个群体中的相对位置，因此，绝对评估不宜用于选拔性很强的评估实践中。所以，在实际的评估过程中，往往是相对评估法与绝对评估法交互使用，取长补短。

4. 教学质量管理的评估

随着高等教育大众化进程的加快，高等学校的办学规模变得越来越庞大，这使得教学管理在高等学校教学质量保障中的作用和地位越来越突出。正是教学管理这种日益突出的作用和地位，才引起了许多学者对诸如“什么是有效的管理”等问题的反思与研究，换言之，对教学质量管理的评估已逐渐进入人们的研究视野。

（1）教学质量管理的基本内容

“过程是根本的，成为现实的，就是成为过程的，过程承继的是过去，立足的是现在，面向的是未来。”基于过程哲学的这种思想，我们把教学质量管理看作一个过程，一个根据教育教学规律，通过科学的管理行为使教学活动优化并实现既定教育教学目标的过程。管理理论认为，任何一种管理行为都有计划、实施、反馈和调节四个过程，因此，尽管教学质量的管理过程与其他诸如物质或精神产品的生产过程有很大的区别，而且教学质量管理活动与一般管理活动相比在管理对象、管理性质等方面都有其独特性，但就管理过程的实质而言，仍可以根据管理理论的论述，将其分为计划、实施、反馈和调节四个过程。

①计划过程的质量管理：首先，是专业设置及其质量。专业是一所学校发展的基础，专业设置及其质量在很大程度上影响着该校的发展方向、规模、速度及发展质量。我国高等学校的专业设置是为我国社会主义事业服务的，因而

专业的设置必须考虑到与国家发展与建设的需要，以培养出高质量的、能为社会主义事业建设贡献自己的光和热的人才；另外，专业的设置还必须充分考虑到学科发展的需要，在设置专业时，专业面不应过窄。对于相近学科或交叉学科应采取拓宽基础知识面或开设选修课程、辅修课程以及第二学位等方法进行解决。只有这样，才能确保专业设置的高质量和高水平。

其次，是专业教学计划与教学质量。学校的专业教学计划是根据国家和学校的人才培养要求和规格设计的，专业教学计划的有效执行与否直接关系到人才培养质量的高低。因此，在专业教学计划制订的过程中，必须努力做到在教学计划与国家、学校的整体人才培养目标相一致的基础上，保证教学计划的灵活性与时效性，使教学计划成为学校实现人才培养目标和促进学生个性发展的最优化的方案。

最后，是教学管理制度与教学质量。良好的教学管理制度的制订与落实是教学计划得以顺利运行的一个重要保障，在制订教学计划时如果没有注意到制订与实施相应的教学管理制度，这样的教学计划就不完整，其付诸教学实践就有可能落空，达不到国家和学校既定的人才培养目标要求。

②实施过程的质量管理：首先，是课堂教学质量管理。教学工作是学校整个工作的中心，而课堂教学又是学校教学工作的重中之重。离开了课堂教学质量，学校的教学质量就失去了生命活力，学校教学质量的提高就无从谈起。因此，必须加强课堂教学质量管理，向管理要效率，向管理要质量，确保课堂教学的高效率、高质量。

其次，是实践性教学质量管理。实践教学是学校整个教学链中的一个重要组成部分，实践教学质量在很大程度上影响和制约着学校整体的教学质量。心理学的研究表明，知识不等同于能力，从知识到能力，其间必须有一个将知识运用于实践的过程。因此，学校必须加强实践教学质量的管理，以保障学生将课堂所学的知识外化于社会实践，并在社会实践中逐步形成和发展运用知识处理问题的技能和技巧，否则，尽管学校教学链中其他环节的教学质量非常好，但培养出来的学生也只是“高分低能”。

再次，是毕业论文（设计）质量管理。就学生而言，创新意识与创新能力不是在“保姆”式的教学环境中产生的，它必须要在学生对问题不断思考、不断拷问的环境中才能萌芽和生长。毕业论文（设计）是教学计划中所规定的必要环节，也是学生四年学习的一个大总结，更是检验学生用所学知识去独立发现问题并解决问题的能力的一个综合体现，其目的是让学生通过科学研究技能的训练，培养其独立开展科研工作和在科研工作中发现问题、处理问题的创新意识与创新能力。学校必须加强对学生的毕业论文（设计）的管理，保障毕业论文的质量。

保障毕业论文的质量应该做到：第一，要加强对毕业论文的选题管理。选题具有专业性、典型性和完善性；选题内容要具有一定的深度和难度；毕业论文（设计）的选题，除少数紧扣目标并能使学生得到全面训练的可作保留外，选用一般不得超过两届。第二，强化毕业论文（设计）指导教师的职责。各院系要选择具有中级以上职称，在教学、科研上均有丰富经验的教师担任指导教师，指导学生的毕业论文（设计）。明确并落实指导教师的责任，确保对学生毕业论文（设计）的全程指导。第三，对毕业论文（设计）的写作时间进行合理安排，保证学生有足够的时间完成毕业论文（设计）。第四，要求成立专门的毕业论文（设计）答辩委员会，对学生的毕业论文（设计）的写作和答辩情况给予成绩评定。第五，学校要提供学生毕业论文（设计）所需的必要经费以及其他基础设施，保障毕业论文（设计）能顺利开展。

最后，是教材质量管理。教材是学校教学构成的基本要素，是学校在培养人才的教学过程中体现教学内容和教学方法的知识载体，是进行教学的基本工具。加强对学校教材质量的管理、稳定教学秩序是提高教学质量的重要环节。否则，没有教材，或者教材质量低、档次不高，提高教学质量就势必成为无本之木、无源之水。因此，必须做好教材质量管理。

做好教材质量管理工作需要做到：第一，要加强对选用教材的质量管理。要求各院系、教学部根据学校人才培养规格拟订 3 ～ 5 年的教材选用规划，提出质量要求等。第二，要加强对教材的编写及印刷质量管理。要求教材的编写内容符合学校人才培养目标的要求，紧密联系和反映现代科技发展的新水平。

另外，教务学籍管理也与教学质量有着直接的关系。教务工作和学籍工作是保障学校教学工作正常运行、维护正常教学秩序的一个重要环节，是确保学校教学质量的一个重要因素。学校也必须加强对教务学籍的管理，提高其工作质量。

③反馈过程的质量管理。一般而言，一所学校或一位教师的教学质量高低情况，常常通过考试或教学调研员与教学信息员的反馈表现出来，但是，如果不加强考试或教学调研员与教学信息员的反馈质量管理，那么从中得到的教学质量的信息可能就不符合实际情况，如果一门课程的考试试题没有一定难度或难度很低，导致试题的区分度比较低或没有区分度，那么，学生的这门课程的考试成绩就很难反映出教师实际的教学水平。因此，必须要加强考试管理，既要加强课程的题库建设与管理，保障题库的质量，又要规范考试程序，保障考

试的正常运行。同样，对教学调研员与教学信息员也要加强管理，确保他们深入教学情境，捕捉并反映真实的教学质量情况。

④调节过程的质量管理。一切计划的实施，其理想目标与现实结果可能存在一定的差距，这就需要及时对计划的实施或反馈过程进行调节，特别是专业设置和专业结构的调整、教学计划的修订、教学内容与方法的改进等，更是需要及时反映社会发展对人才的需求和对教育本身发展变化的要求。学校是否注重调节过程的管理质量，极大地影响着教学质量管理其他过程的质量。

三、教学质量管理的评估

（一）教学质量管理评估的原则

教学质量管理的效果如何，需要通过教学质量管理评估才能形成科学的结论。在教学质量管理评估的实践过程中，必须遵循以下几个原则。

1. 科学性原则

要以现代教育科学和现代教育评估理论为指导，确保教学质量管理评估技术的科学性、评估手段的现代性、评估程序的可操作性。

2. 导向性原则

教学质量管理评估应有明确的导向功能，确保通过评估活动，学校或教学管理者在教学管理理念、行为、技术和手段等方面，在原有的基础上有一个质的飞跃，并且教学管理活动紧跟现代教育管理理论的发展。

3. 过程评估与结果评估有机结合的原则

过程评估指的是对学校教学质量管理过程的运行状况进行的评估，其目的是找出问题、发现不足，以寻求应对策略，或是总结成功经验，发挥积极性。结果评估则是指对学校目前的教学质量管理现状的评估，其目的是了解目标的程度，是一种“事后评估”。过程评估是用“历史”的目光从目前回顾以前，而结果评估是评估现实的状态情况。两种评估各有所长，互为补充。由于教学质量管理是一种开放性的活动，与其他生产过程相比，其结果，如教师教学水平和学生的学习质量等有着明显的滞后性和生成性，也就是说，管理后效是一个逐渐生成且落后于管理行为的过程，所以，人们为了提高教学质量而进行的一项教学管理改革，往往要到几个月，甚至几年以后才能看到明显的管理效果。基于教学质量管理活动后效的特殊性，在进行教学质量管理的评估时，必须要用发展的眼光去评估一个学校或教师的教学管理质量。但是，我们不能因为要展望未来，就对教学质量管理过程中存在的现实问题视而不见，我们只有正确处理了现实的问题，展望未来才有一个很好的实现的可能性。所以，在教学质量管理的评估过程中，要将过程评估与结果评估有机地结合起来，既要看到教学质量管理过程中所取得的成绩，又要正视目前仍存在的问题，并努力解决这些问题，使教学质量管理实现进一步的发展。

（二）教学质量管理评估的主要内容

在前面，我们已经从计划过程的质量管理、实施过程的质量管理、反馈过程的质量管理、调节过程的质量管理四个方面论述了教学质量管理的主要内容。下面就前三个质量管理过程的评估做一些浅层的探讨。

1. 计划过程中质量管理的评估

计划过程主要涉及的是专业设置问题，因此，对计划过程中质量管理的评估也即专业设置的质量评估。一般认为，这一评估主要包括如下内容。

（1）专业设置条件的评估

专业设置必须具备一定的条件，如有一支教育教学质量水平高的、数量充足的、年富力强的教师队伍，有相近或相关的学科力量的支持，有必备的教学用地、场所和实践教学基地，有满足专业教学与科研需要的图书资料等。从大体上看，一所学校要新办一个专业，基本上都具备以上条件，问题在于许多学校缺乏对这些条件的有效管理与整合，如前几年许多学校一哄而上开办新闻专业，导致现在有些学校处于进退两难的境地。究其原因，这些学校在设置这些专业之前，并没有对新闻专业所需的专业设置条件进行深入的调研、全面的评估、有机的整合和有效的管理，导致已有的基本条件没能形成合力，不能为新闻专业的发展提供基础。因此，在新专业设置前，必须对其专业设置的条件进行全面的评估，特别是加强对其基础性条件整合情况的评估，确保其合成功能和合成质量。

（2）教学计划质量管理的评估

教学计划对教师的教学安排，对学生的知识结构、能力结构的形成，以及对学生的学习进程起着直接的作用，因而，加强教学计划的管理，以保障教学计划制订的质量，对于维持正常的教学运行秩序、保障学校的教学质量、促进学生的全面发展有着重要的价值和意义。教学计划质量管理的水平通常反映在以下两个方面。

第一，教学计划制订前准备的充分性。教学计划在制订前必须在教学管理部门的组织协调下经过充分的准备，如教学计划在制订前要经过学校教学指导委员会的论证，向学校广大教师和教学管理人员进行广泛的意见、建议征询等。只有在不同渠道、不同层次、不同声音的基础上，广泛收集有关教学计划制订的观点、思想、建议，才能为下一步制订科学的教学计划打下坚实的基础。

第二，教学计划实施中管理的规范性。由于教学活动是受多种因素影响的师生互动活动，因而，不管是经过多么充分准备的教学计划，在实际的教学过程中，仍不可避免地有些变化，如原课程计划中实践环节需要加强；教育实习、野外实习、专业见习安排有困难需要更改执行时间；由于某种不可抗拒的原因，致使某门课程的教学时间需要推迟；等等。在这种情况下，学校必须有规范的管理措施和制度，对教学计划进行即时的维护与管理。要求各专业根据实际情况，做出书面报告并经系主任审查签署意见后，于上一学期结束前三周向学校主管教学的部门申请调整专业计划，办理有关手续等。只有这样才能避免影响总体教学计划的实施，保障教学计划的实施质量。

2. 实施过程中质量管理的评估

教学计划制订后，其专业设置的培养目标主要通过教学过程（课堂教学、实践性教学以及毕业论文或毕业设计等）的实施来实现。保障教学过程实施的质量和效率，涉及对教学过程进行有效管理的问题。一般认为，管理是否有效可以从以下几个方面进行评估。

（1）管理制度与措施的评估

管理制度与措施是保障教学过程实施质量的一个重要因素。因此，建立健全科学、规范、有序的教学管理制度，制定有力得当的教学奖惩措施，一方面可以有力地维护教学过程的正常运行，有效地保障教学过程的质量；另一方面，从教学管理角度来讲，它也是教学管理水平高的一个表征。因为没有科学规范的管理制度和有力得当的奖惩措施的教学管理必定是处于无序状态下的，低效率、低质量的教学管理。这些制度与措施的制定和完善，在维持学校正常的教学秩序，保障教学过程质量的同时，有力地促进了学校教学管理改革的不断深化和教学管理质量的日益提升。

（2）管理行为的评估

教学管理制度与措施制定和完善后，接下来是根据这些管理制度与措施进行实际的教学管理。管理行为的有效与否和质量高低可以从三方面进行评估：①沟通联络的流畅性。教学工作开展之前的一项首要任务是教学管理部门向全体教职员工传达本学期的教学计划、要求和任务，以及要达到的教学目标。因此，教学管理部门必须做好与学校主管教学的领导和各院系、教学单位之间的沟通与联络，保障学校有关的教学要求与任务能够及时准确地上传下达。②组织安排的适当性。教学是一个涉及各种因素的活动，教学管理的任务和目的是组织和协调学校的人力、物力、财力资源以保障教学计划规定的教学工作能按时、按量、按质地完成。因此，教学管理部门必须组织安排好学校的各种资源，以维护和保障学校教学活动的正常运行。③奖励或惩罚的合理性。教学管理的一个重要功能是导向功能，即要求与教学有关的活动朝某个方向发展或防止其朝某个方向发展，因此，在教学管理中制定鼓励或惩罚措施是必要的。当然，奖励或惩罚必须合理，否则，奖励或惩罚不符合实际情况，或者把它们当作压制人的一把“尚方宝剑”，则往往事与愿违，达不到初衷。

3. 反馈过程中的质量管理评估

毫无疑问，考试是反馈教学质量的一个重要手段，但是，如实反馈教学质量却离不开有效的考试管理。考试管理是否有效可以从五方面进行评估：一是课程题库的建设。题库建设的目的在于通过让任课教师与命题人分开，实行教考分离，以促进考试的科学化、规范化，确保考试能如实发挥其反馈功能，因此，对某门课程题库建设的情况（如试卷库的套数、试卷的难度与区分度、题量的大小以及题库更新的频率等）进行评估，很容易了解到该课程题库建设的质量，从而能对考试管理的质量有更进一步的认识。二是试卷的管理。试卷是进行考试的工具，试卷印好后，必须由专人负责，加强试卷管理，杜绝漏题事件的发生，否则，试卷便失去了其应有的功能，这样的考试自然也不能真实地反映出某门课程的教学质量。三是考场的安排与管理。考场的安排与管理主要包括考试时间、地点、科目、考生的座位与参考人数，以及监考教师等方面，只有这些准备活动安排及时准确，才能保障考试的正常进行。四是监考管理。一方面，要求监考教师认真履行监考职责，维护整个考场秩序。另一方面，要求组织成立考试巡视小组和考试监督小组，检查整个考场的情况或及时妥善处理考试过程中的意外事件。五是评卷管理。为避免阅卷教师不尽责情况的发生，实行流水线式的阅卷方式，保障阅卷的公平公正。

当然，反馈教学质量不仅仅通过考试这种途径，其他诸如教学调研员和教学信息员的反馈信息以及其他教学人员的听课记录，在某种程度上也能反映出教学质量的高低。

四、学校院（系）级教学质量管理评估

院（系）级教学质量管理评估可以从两方面进行：一是对院（系）级教学质量管理进行整体评估，二是对院（系）级教学管理的状态进行评估。前者侧重于定性与定量相结合进行评估，评估工作量大，过程较复杂；后者侧重于定量指标的分析，容易操作。

（一）学校院（系）级教学质量管理评估的目的和意义

①通过评估院（系）级教学管理的水平，对院（系）级教学管理的质量标准、职责范围等进行明确，切实提高院（系）级教学质量管理水平和管理效益。②通过评估院（系）级教学管理的水平，并能够将准确的反馈信息及时告知校领导与校教学管理部门，这样就能对教学管理进行良好的控制与宏观调节，还能进一步提升全校的教学管理水平。③通过评估可以逐步对学校的教育评估体系进行完善，从而形成教、学、评、管四位一体的评估机制。

（二）评估方法

从总体上说，院（系）级教学质量管理评估，一般以采取听取汇报、查阅资料、现场考察、问卷调查、抽样检测、师生座谈等方式进行。对于各项指标中的具体测评方法，可以参见评估指标体系中的特殊要求。

（三）学校院（系）级教学质量管理评估的程序

1.院（系）自我评估

评估工作布置以后，各院（系）相应成立评估小组，由院（系）领导、教研室主任及有关专家组成。而他们的职能就是组织本院（系）的教学管理评估填表和进行材料收集，再进行自测自评的工作。各院系评估小组也会依据其评估指标体系的各项要求，准备好有关教学管理工作文件和教学大纲、教材、三基方案，以及发表的有关教学管理文章及调查报告等材料，并组织人员认真填写好评估申请表。在此期间，各院系（部）评估组召开自评会议，对照评估指标体系的要求进行认真的自我评估。

院（系）在进行自我评估的过程中，要坚持的评估原则有：①评估结合管理加强原则。各院（系）依照评估指标要求，对本院的教学管理有所加强，以促使院（系）级教学管理的制度化、规范化、科学化与完善化。②形成性评估结合终结性评估原则。这样不仅能够评估本院教学管理的现有水平，还能评估其教育管理的发展条件与过程等，让最终评估的结果更加完整与客观。例如，

有些院（系）可能有几十年的办学历史，而有的院（系）可能只有几年的办学经历，在具体评估时既要考虑现有的管理水平，又要考虑它的发展历史和客观条件。

2. 学校评估委员会的评估

学校评估委员会的职能之一是要分析、考核与评估全校各院（系）的教学管理水平。学校评估委员会在各院（系）上报评估材料后，召开评委会，组织专家对院（系）的材料进行认真评审。

其过程包括：①专家审阅院（系）的上报材料；②各院（系）负责人对本单位的教学管理按评估标准逐一向专家进行汇报，并当场回答专家所提出的有关问题；③专家根据自评材料、汇报情况及其他有关材料当场评分。同样，专家在评估时也应遵循终结性评估和形成性评估相结合的原则。

3. 学校审议

由学校主管教学的校长主持并召开教务处领导和评估委员会议，对学校评估委员会的评估结果进行审议，最后确定院（系）级教学质量管理的评估结论并予以公布。

第二节　地方本科院校教学质量控制体系

一、高等学校教学质量体系

（一）质量体系的定义及特点

质量体系是通过文件的形式将一体化、有效的技术以及管理程序列出来，从而对组织领导、员工机构的协调活动与信息传输等加以指导，以此确保质量与经济的质量成本都能获得产品服务需求方的满意。著名质量管理专家费根堡姆博士在其《全面质量管理》一书中对质量体系做过这样的描述，大概就是，质量体系是全面质量管理的基础。也就是说，只有质量体系的不断支撑，才能够让全面质量管理在今后正常地实施；另外，质量体系又是实施全面质量管理的一种手段。一个组织只有一个质量体系，那么组织的内部就要在非合同的环境下建立质量管理体系，一旦有了合同的环境要求时，就可以基于这一体系对质量保证模式进行选择，同时对外还要建立起质量保证体系。质量体系、质量管理体系、质量保证体系实质上是同一问题的不同表达。质量体系是依系统原理对组织系统有关质量管理的因素、环境、人员行为目标、要求等体系全面的描述体，它具有如下特征。

1. 体系的整体性

质量体系并不是由其相关要素简单结合起来的，而是按照组织的质量目标、方针，并对一定的规则加以遵循才形成的有机整体，它为了对各质量要素间的制约、依存关系进行协调，采用的即为整体与全局的观念，目的是让质量体系功能的状态达到最佳。高等学校教学质量体系的整体性主要体现在教学资源的控制（生源组织、师资队伍、仪器设备等）、教学运行的控制（教学计划、教学调度、教学调整）和教学结果的控制（教学监测、教学评估、教学奖惩）等所有相关的质量管理因素上。

2. 体系的目的性

人工系统是人们为了实现特定目标而建立的多要素集合体，高等学校就是这样一种人工组织系统。高等学校教学质量体系是为实现特定质量目标而建立的组织结构与组织功能。高等学校存在与发展的根本目的是培养人才，教学质量管理的目标是满足人才培养需求，使教育更加符合社会科技、经济、文化事业发展对人才的质量需求。在高等学校质量体系中，教学投入、教学计划、教学运行、教学监督等各环节之间是相互影响、相互作用的：教学投入构成教学计划和有效运行的物质基础；教学运行质量决定教学投入资源的使用效率；教学监督又是教学计划和教学运行实现高效周期循环的保证。

3. 体系的适应性

只有在一定的环境之下，质量体系才能得以存在，但另一方面，环境也是在持续变化的。高等学校是社会大系统中的一个子系统，它受到外部环境的作用和影响，如社会科技、经济发展状况、政府教育政策的调整与决定、国际高等教育发展趋势等都直接或间接影响高等学校的质量体系。因此，要特别研究质量体系适应环境变化的运动规律，以便组织系统的质量体系能适应客观环境的变化。

（二）高等学校教学质量体系的建立

1. 文件体系

文件中会将质量体系的全部要求、要素与规定等都加入进去，由此构成质量管理文件体系。该体系可分为四层：①纲领性指导文件，也就是指质量手册；②规范通用性文件，主要包含了程序、技术和管理规范等；③方案措施性文件，有措施与计划方案；④基础鉴证性文件，包含了记录、鉴定与评价报告。

2. 程序体系

程序体系是由质量环节、质量关联、质量活动和质量信息四项内容组成的。活动程序是指全过程质量管理活动流程的先后顺序。把全过程的主要环节和活动分为若干阶段，使这些阶段按先后顺序排列起来，构成一个活动程序。

质量活动的职能分配之一就有质量关联，也就是要将质量内容、活动等都在相关单位进行了落实。不管是何种质量活动，都有可能涉及几个单位，它们之间的工作关系，有的是服从关系，有的是协作关系，有的是指导关系，有的是双向作用关系，等等。质量活动是指质量管理全过程的主要环节和重要活动，其是在质量管理的全过程中，规定各自的机构人员的主要活动的行为方式。而质量信息指的就是促使质量体系成为闭环的系统，并在质量流程中体现出相对重要的质量活动信息，从而也就形成了一个控制反馈系统。

3. 运行体系

质量体系的运行，其实质是质量文件体系和程序体系的实施与贯彻，其核心是指执行质量计划与实施质量手册。组织、监督、协调、评估这四项内容构成了运行体系。

组织是在质量管理系统内部对于各要素的组合以及对各环节的连接。它包括三方面内容：一是设置质量管理组织机构方式；二是对质量管理组织机构进行任务分配；三是配置其资源要素的结构。一个合理的组织，不仅要充分发挥出质量活动中各部分人员和机构的职能，还要对其关系进行协调，同时还要确保质量管理资源中组织环节的重要补充，即最优利用协调。这既能确保空间和时间上质量活动的紧密衔接，还能得以建立起各种各样的平衡关系。

对质量体系的运行状态和结果的评价就是评估，其包含了评价体系文件本身，也就是对于质量体系进行审核与复审，实现自我完善；还有对职能部门和岗位完成质量目标的评价，建立评估考核与奖惩制度。

二、高等学校教学质量保证体系

（一）广义的教学质量保证

广义上的教学质量保证会使所有对教学质量有影响的因素都会被涉及。其指的是“为实现和保证既定的教学质量规格的要求，作为教育主体的高等学校必须具备的办学条件的全部有计划有系统的活动”。

首先是保证办学条件。在办学时为了确保人才培养的质量，自然离不开硬件标准，比如教学仪器设备、生均教学经费、教室与实验室的面积以及图书馆藏书量等，只有达到了这些标准，才能进一步确定教学基础条件。其次就是保证师资。学校办学主要看的，同时也是关键性因素就是师资程度，学校人才培养与教学质量与教师的教学、学术水平，以及责任感和敬业精神等存在着直接关系。然后，是对教学基本条件建设的保证。教学工作先是要有优良的基础，这样才能进一步保证质量并不断往上提升。与构建教学服务与人才培养质量平台存在直接关系的，就是课程建设、专业建设、实践基地建设、教材建设与学风建设等。最后，是对教学改革的保证。教学质量提升的最有力的措施就是要不断深化教学改革，这也是提升教学质量的深层动力。

（二）狭义的教学质量保证

狭义的教学质量保证在教学管理层面上属于教学质量管理的下位概念，它的含义同教学质量监控的含义是相对应的。狭义的教学质量保证和教学质量监控之间紧密关联，且并没有什么十分明显的区分，都是在教学管理的范畴之中的。而内部的教育质量保证由质量监控所提供，在教学质量监控中，一定要作为监控对象的应该是教学体系与人才培养之中对教学质量的各因素有影响且在所有环节原则上的事物。而管理实践在现实中的监控重点，应当是对教育质量的关键环节与主要因素都产生了影响的。而监控重点可以分为两种：①教学计划编制过程的质量监控。在人才培养方面，我国的很多高等学校都起到了非常重要的作用，但生成教学计划与课程这一关键环节却并没有受到大多数人的重视。理论上，教学计划作为人才培养的蓝图和一切教学工作的出发点和依据这一点没问题，但在制订的实际过程中往往体现得相对草率。②教学计划和课程实施系统的质量监控。这一监控可以说是目前各个高等学校在质量监控中最为注重的领域。

（三）高等教学质量保证体系的构建

体系指“若干有关事物相互联系、相互制约而构成的一个整体”。高等教育质量保证体系是指与高等教育质量保证有关的若干事物相互联系、相互制约而构成的整体。高等教育质量保证体系包含许多方面，按不同的标准可以分成不同的子体系，如按照高等教育质量的外延不同，可以分为人才培养保证体系、科研保证体系和社会服务保证体系；按照实施高等教育质量保证体系的主体不同，还可分为内部保证体系和外部保证体系。依据对高等教育质量的认识，质量是一种动态的状态质量，保证是一个动态的过程，现将高等教育质量保证体系分为以下几个子体系进行论述。

1. 目标保证体系

目标是行动之前观念存在于人们头脑中的结果，对人们的行为起着导向作用。高等教育的目标影响着高等学校的活动，制约着高等教育的质量。由于高等教育的质量是以高等教育所提供的产品与目标的符合程度来衡量的，所以建立目标保证体系是保证高等教育质量的前提。目标保证体系包括目标的确定、调整、修订等过程。由于质量是一种动态的状态，它会随着时间的推移和环境的改变而改变，所以作为质量衡量标准的目标也应是不断变化的，以保证目标的正确性和适应性。因此要通过反馈信息不断调整和修订目标，删除过时的不适应的目标，增加新的适应的目标，只有这样才能保证高等教育所提供的产品能够满足消费者潜在的需要。当然，目标也应具有一定的稳定性，无时无刻不在改变的目标会使人们无所适从，失去行动的方向。总之，要以目标的正确性和适应性为前提，将变动性与稳定性结合起来，只有这样才能建立科学的目标保证体系。

在目标保证体系中，高等学校是确定、调整、修订目标的主体，尤其在扩大高等学校的自主权之后，高等学校都应积极主动地参与目标的确定、调整和修订过程；社会应积极配合高等学校，为其提供及时准确的信息反馈；政府应起到宏观监控、监督和管理的作用，对高等学校给予宏观的、科学的指导。

2. 投入保证体系

高等教育活动的开展需要一定的人力、物力、财力的投入。投入的质和量影响着高等教育的质量，所以建立投入保证体系是保证高等教育质量的前提条件。投入保证体系一般包括人力的投入、物力的投入和财力的投入三部分。

人力的投入，主要指教师、管理和服务人员的投入，要合理安排三者的比例，不仅要讲究量，还要讲究质，要提高管理人员和服务人员的素质；要确保安排具有高水平和高级职称的教师到教学和科研一线，充分发挥他们的潜力，做到人尽其才。

物力的投入，主要指在高等教育“硬件”建设上使校舍、图书、实验设备、教学仪器能够保证高等教育活动的顺利进行；要注意不能搞重复投入，要充分挖潜，做到物尽其用。

财力的投入，主要指对科学研究和社会服务的经费投入，要确保科研经费的落实，使科研人员能安心工作，要讲究经费投入的效益，把有限的经费投入到科研中去，要适当地向基础学科倾斜。

总之，适当合理的人、财、物的投入能够保证和提高高等教育的质量。在投入保证体系中，政府应该是主体，担负着向高等教育投入人、财、物的重任；而高等学校也不能置身事外，尤其在高等学校拥有自主权后，其更应科学合理地支配来自各方面的不同形式的投入，要做到充分挖潜、开源节流。

3. 过程保证体系

高等教育的质量保证是一个动态的过程，对高等教育“生产”的全过程进行保证。过程保证体系指对形成最终结果的全过程进行保证，对影响质量的各个环节进行监测、纠正、反馈和修正。教学过程质量保证包括从新生入学到学生毕业的人才培养的全过程保证和为保证人才培养过程正常运行提供的服务保证。培养过程和服务过程是相辅相成的，只有全面提高了培养和服务这两个过程的质量，才能最终保证高等教育的人才培养质量。过程保证体系强调全过程的每一个环节，重视预防的积极意义，并将可能造成错误的因素消除在每一个环节，更加重视诊断性评价的作用，确保每一环节的工作质量。

三、高等学校教学质量监控体系

（一）监控者

高等学校为教学质量监控管理安排的相关机构与人员就是所谓的监控者，主要由三个层次构成。

1. 学校教学质量监控、管理机构和人员

学校教学质量监控、管理机构和人员主要包含校教学指导委员会、主管校长和教务处的相关人员、机构。在整个的学校教学质量监控之中，起主导作用的是校级教学质量监控者，其中最突出的就是教务处的作用。其领导者是校长，是组织与调度高等学校教学工作的职能部门，而认真做好教学组织安排、对教学质量管理方案进行制订以及调控是其主要职责所在，同时教务处还要经常开展教学质量评估，进行经常性的质量调研以及对基层、院系的管理工作进行指导等。

2. 院系教学质量监控、管理机构及人员

院系教学质量监控者的主要职责就是按照教学质量管理的规定，以及高等学校的办学指导思想，对教学检查、各教学环节的安排以及相关专业的教学计划等进行统一管理。

3. 教研室的教学质量监控管理

教学质量监控的基础就是教研室，它的主要职责就是按照院校二级的教学计划要求与教学质量管理目标，组织管理所属课程中的各人教学环节。此外，由于教师的人数以及课程类型都很多，因此可以让教研室内的所属教师组成一个个教学小组，即在教研室内方便开展与组织教研、教学活动的活动单位。

（二）被监控者

高等学校中，只要是影响或是对教学质量发生作用的一切因素，都能说它是受到监控的对象。该影响因素存在着多个层次，主要包含了人、物和管理三方面因素。

教学系统中，虽然人的因素与物的因素都有其各自的地位与功能，但也能够作为一个整体来共同产生作用。并且，只有进行科学规范的管理，才能使得各个因素之间组成最佳组合和发挥出最佳效果。因此，影响教学质量的其中一个重要因素是管理水平，其同时也是十分重要的受控对象。

（三）教学质量监控的主要环节及实施要点

①专业建设。专业建设的主要监控点包括人才培养目标与人才培养方案的制订、执行与调整，专业办学水平与特色，课程体系建设等方面。②课程建设。对课程建设进行的质量监控评价一般是从实施计划、建设目标和建设成效、课程师资梯队的特点创建等几个方面进行的。③教学大纲的实施。教师组织学生教学、安排教学管理的主要依据就是教学大纲。要对教学大纲和计划实施的情况进行评价，将主要从教学大纲的编写、课程的安排情况、教材的选用和实验课的开设情况等几个方面入手。④课堂教学。教学质量的核心环节即为课堂教学。实施监控是在课前准备、教学过程、课外辅导和成绩考评等方面，其中基本包含了教材准备的恰当问题、讲授概念的准确问题、课后辅导是不是到位以及对学生学习成绩的考核是否科学、合理等问题。⑤实践教学。实践教学监控主要考核创新科研实验平台的内容与体系改革、实践计划的执行效果。⑥毕业设计（论文）。毕业设计（论文）监控主要从选题的性质、难度，开题，中期，答辩，指导教师的资格及精力投入，学生的学习态度与实际能力，设计（论文）的质量，基础理论与专业知识等方面进行评价。

四、高等学校教学质量检查

（一）教学检查的概念

按照一定的教学规范要求、管理目标，相应地去考察具体的教学情况与教学效果，并对教学目标的实现情况进行鉴定、评价，从而为了改进教学管理活动而使用相应措施的一系列行为就是教学检查。教学检查是教育检查的一个重要方面，是教育检查的主要构成部分与基础。教育检查的内容是多种多样的，其与教学活动的各个方面都存在一定的关系。教学检查不仅包含了教师在教学过程中的教学方法、态度和技能等方面的检查，还有对教学进度、计划与最终效果的检查，此外，还会检查与教学相关的教学设施等情况。

因为教学检查的内容多种多样，因此教学检查的方法与形式也同样各种各样、五花八门。其既可以以全面定期的教学检查形式出现，进行平时期中检查和期末检查，也可以以随时抽查的教学检查形式出现。教学检查的这种形式特点，决定了它一定要在科学性原则的指导之下，面对不同的检查对象与检查内容，也应当运用相对不同的检查方法与形式。

教学检查不等于教育检查，两者既密切相连，又有层次上的区别，必须严格地加以区分。尽管教学检查也是一种管理活动，但从范围上说，教学检查的对象应为教育领域的全部内容，且在教育活动各个方面都有所涉及。而教学检查只是教育检查这一大系统中的一个重要方面，虽身处于教育检查的系统中，但其自身又存在独立性，成为构成教育检查的一个核心方面的内容。

教学检查也不等同于教学评估，尽管两者在检测、考核教学情况，为了使教学活动更好地改进方面目的相同，但是也存在一定的差别。对教学评估来说，教学检查是其必要的手段、前提，而教学检查的深入又是教学评估，教学评估是教学检查延伸的结果。教学评估能够进一步将理论的依据和反馈信息提供给教学检查，从而提升教学检查的广度和深度。二者是相互依托、相互独立的关系，它们是同属于具体的教学管理活动之中的。

（二）督学检查

督学又称督导，人员来自国家、省、市、县（区）的四级督导机构。该机构是教育行政部门的内设机构，受国家级教育行政部门和上级督导机构的双重领导，其行政职能是对下级教育部门和学校的工作进行监督、检查、评估和指导。对学校进行教学检查是督学检查的任务之一。

1. 督学检查的作用和内容

督学检查从宏观和微观两方面对学校教学进行检查，其主要内容是：办学方向检查、办学水平检查、学校教学常规检查等。

（1）办学方向检查

办学方向检查是指学校在教学过程中必须坚持正确的办学方向。对学校办学方向的检查主要有：①是否认真贯彻执行国家有关教育方针政策法规以及省、市（区）有关教育的规定和条例；②是否坚持党的领导，把树立正确的政治方向放在首位，做到“德育为首，五育并举”，使学生全面发展；③是否培养和发展学生健康的个性；④是否深化教育改革，为经济建设和社会发展服务。只有把握大方向，通观全局，正确处理宏观与微观的关系，办学方向检查才会落到实处。

（2）办学水平检查

学校办学水平体现在学校教学管理、教学计划、办学条件和办学效果上，学校教学管理检查包括管理过程的检查。主要包括：①学校工作计划是否正确。计划是否与国家的政策、方针保持一致，计划内容是否科学，质量指标是否明确。②实施是否有力。能否做到组织合理，领导能否深入第一线，教学秩序是否稳定。③自身检查能否认真、全面。检查能否以目标为依据，能否做到有计划、有目的、有记载，能否做到对检查有记录，对检查结果有分析，对今后教学有具体的改进意见。④总结能否全面客观。学校教学工作的总结本身就是自检过程，所以总结能否全面实现，直接影响到督学检查结果的正确性。

（3）教学常规检查

①督学要检查校长是否做到建立和健全教学指挥系统。应充分发挥教务处、教研室等各级教学部门的作用和积极性；制定和实施国家省、市有关教学的规章和制度；以教学大纲、教学计划和教材为依据，帮助教师采用合理的教学方法，科学地利用教学设施以达到最佳教学效果等。

②督学要检查教务处、教研室教师的常规教学工作，是否制订和执行教学工作计划。应按照学校的培养目标、教育任务，以及国家教育主管部门中与教育工作指导文件相关的规定，来对学校的教学计划做具体制订，并安排课外活动等内容，将课时分配、课程设置与课表排列等工作进行落实，同时安排全校的教师与相关人员对这些具体措施认真执行。

2. 做好教务工作

教务工作主要可分为两种：一是负责考勤、排课表与考核统计等；二是负责学生的教学档案、资料与学籍等。学校应当建立和保管好学籍档案和考勤统计、学生的总名册、教学改革的方案与总结等。这些都是学校全貌的反映，也是作为主要依据存在于规划制定与重要决定之中的，同时，也是不可缺少的用来进行教学研究与教育规律总结的材料。

3. 督学要检查办学条件是否具备

检查办学条件的具体指标是：①校内场所设施是否满足学校正常的教学活动的需要。②教师队伍的发展和质量。这是最重要的条件。没有好的教师队伍，学校教学任务就难以高水平完成。③教学设施和设备能否满足教学工作的基本需要。④学校各种设施的布局是否合理。

4. 督学要检查办学效果

办学效果集中反映在培养学生的数量和质量上，是学生德智体诸方面取得的实际成果。一般包含：①思想品德方面。②智育方面。③体育、卫生方面。体育达标率、视力正常率等。④综合效果。一是教育投资的效益。二是实际合格率。为了进一步准确地考查一个学校的教学质量，我们可以通过追踪调查法，在更高一级的层次上检查一个学校的教育教学质量。三是师生比例，在不降低质量的条件下，学校全体职工与学生的比例大小和教师与学生的比例大小，也是衡量一个学校教育成果大小的重要方面，比例小，质量高，说明效果好。四是教学设备利用率，随着教育专业的发展，学校设备增加快，如果不能充分利用，必然影响教育投资效益，从而影响办学效果。

（三）教学督导现状

1. 教学督导的制度保障与运行机制方面

随着高等教育改革的不断深化，高校教学质量的竞争越来越激烈，许多高校为提高其核心竞争力，先后建立了校、院（系）两级教学督导制度，一般情况下这些督导机构都是在主管教学副校长的领导下开展工作，按照国家教育方针、政策和学校的规章制度，以专家身份面对校内的教与学双方和教学过程，对影响高校教学质量的各种因素进行监督、检查、评估、指导。多数高校制定了专门的教学督导文件，以保证教学督导工作有章可循，如《北京科技大学本科教育教学督导组工作管理办法》《广东工业大学教学工作督导工作规定》《华北理工大学教学督导委员会工作实施细则》等，对教学督导的职能定位、职责及人员组成做出了界定。例如，华北理工大学在选聘督导人员方面要求聘请治学严谨、为人师表、学术水平高、教学经验丰富、有一定影响力的教授，退休教授与在职教授的比例为 2 ∶ 1，有力保证了教学督导工作的有效实施。大多数高校教学督导机构有两种模式：一种是由校长或者主管教学工作的副校长直接领导的独立部门、与教务处平行没有隶属关系的教学部门；另一种是挂靠在教务处或高教研究所，或是教务处下属的一个科室、督导组。第二种模式占较大比例，督导组可以较方便、及时地获取信息，但缺乏自身机构的运行机制和规则，缺乏有效的制度和机制保证，教学督导的定位不明确，工作职责不明确，督导效果不明显。

2. 教学督导的工作职能与工作方式方面

经过一系列调查分析发现，许多地方高校的教学督导工作开展得效果很好，如教学督导人员随机性、经常性深入课堂听课，将问题及时向学校反馈，学校及时采取措施进行解决，保证了日常教学秩序的正常运行；教学督导人员参与各教学单位的教学检查，推动了二级学院教学管理的不断完善与健全；教学督导人员通过课堂教学督导与教师专项培训活动，促进了青年教师快速优质过教学关，提升了师资队伍的水平；督导人员参与精品课程建设与评估，推动了学校课程体系、教学手段与方法的改革；督导人员参与教学评估专业认证、教学评估等工作，推动了学校学科专业建设，使学校的教学水平与质量不断提升。部分地方院校把教学督导工作简单地理解为督促检查，具体工作就是帮助学校收集信息、做出评价、上报结果，重检查轻指导、重发现问题轻解决问题，督导工作停留在“找毛病”的阶段，如有的高校只通过督导人员听几次课就简单地对教师的课堂教学质量进行评定，而且评定结果与职称、评优、评先考核结合，不仅教学督导职能没有得到充分发挥，而且容易使教师对督导工作产生抵触态度，产生误解，形成逆反心理，使督导工作难以达到真正的效果。

第六章　国外高等教育质量保障体系的特点及其启示

教育质量是高等学校的“生命”和“灵魂”，无论是发达国家还是发展中国家，建立覆盖全国的高等教育质量保证体系都是非常受关注的重要内容。由于每个国家发展高等教育的理念都不相同，发展路径也有所差异，环境和条件更是千差万别，因此，每个国家建立的质量保障体系也是各具特色的。对部分西方发达国家的教育质量保障体系的特点及基本情况进行分析和探讨，对于我们构建有中国特色的高等教育质量保障体系具有积极借鉴意义。本章主要包括国外高等教育质量保障体系的几种模式、国外高等教育质量保障体系的特点、国外高等教育质量保障体系对我国的启示三部分。主要包括政府部门主导型、普遍建立起高等教育的质量保障体系、强化质量意识是高等教育大众化的内在要求等内容。

第一节　国外高等教育质量保障体系的几种模式

一、政府部门主导型

它是在欧洲大陆国家和亚洲国家发展起来的一种高等教育质量保障模式。这些国家包括法国、荷兰、瑞典、德国、泰国、中国等。这些国家高等教育的一个共同特征就是政府对大学进行严格控制，政府承担着高等教育的主要投资者、办学者、管理者三重角色，大学享有的自主权相对较小。政府主要通过教师聘用、经费预算、学校招生、专业与课程设置等事项对高校进行程度不同的干预。通过政府组织对高等教育质量进行评估，是这种模式的主要特征。这种评估模式具有很强的权威性，影响力大，有利于国家对高等院校的控制与管理。同时，这种模式也存在弊端，在调动社会、学校等评估主体的积极性方面，这种模式是很难充分发挥作用的。在这种政府主导的评估体系下，难免有不客观因素的存在。对高等教育相关记载资料的检查是它的主要特征，由于其活动主要是对校内人员的现场调查，受保护主义思想的影响容易导致评估结果的失真。法国和荷兰是高等教育质量保障运动开展得比较早的国家，在教育质量保障方面的经验比较丰富，具有的特点也比较有代表性，所以，我们以法国和荷兰的教育模式为例，进行深入的分析和阐述。

（一）法国

1. 法国高等教育质量保障体系概述

法国是世界现代高等教育的摇篮之一，其高等教育管理一直以来都具有自治性的历史传统。高度中央集权制的领导传统，一直被法国高等教育管理体制遵循。法国教育部对高等院校的各个方面的政策和法规都进行统一的制定，包括教师和教育行政管理人员的任命、调遣和提升；教育经费的分配；国家学位的鉴定和颁发。此外，大学对这些政策的实施也受到教育部的控制，这样做的目的是使高等教育的发展符合政府的利益，同时也顺应国家的经济发展，为国家的经济发展做出贡献。

高等教育的经费 90% 都是由政府提供的，在财政上对国家拨款的依靠，是高等教育的中央集权管理模式的最重要的典型特征之一。法国的高等教育系统有一个区别于其他国家的基本特色，法国高等教育分成大学系统和大学校系统两部分。大学是“开放型”或“普及型”的高等教育机构，实行广泛招生的政策，只要通过了高中毕业会考，同时获得了相应的文凭，就有注册入学的资格。大学校是“选拔型”或“精英型”的高等教育机构，相对来说招生人数少，入学要求很高，需要经过非常严格的选拔才能有入学的资格。大学校毕业的学生，在求职方面是有保障的。法国各种类型的教学机构、研究机构之间，甚至是各种类型的教学机构与研究机构的内部，都是彼此独立的关系，它们各有各的工作职责，彼此之间互不干扰，几乎没有相应的沟通和交流。

对研究、文化和职业性的公立机构进行评估是国家评估委员会的宗旨，评估对象包括大学、高等工程师学校以及其他的高等教育机构，同时，国家评估委员会需要将评估情况向教育部长进行汇报。国家评估委员会的评估范围和领域受到高等教育机构这种公共部门所承担的任务的影响，比如科学研究以及科研成果的使用、学生的生活条件、基础性的教育和更高层次的教育，同时还包括对高等院校的管理方式、管理政策等方面的检查等。

但国家评估委员会并不是对所有的内容和方面都有管理的权力，比如对个人进行评估的权力、批准课程的权力、对国家经费的分配等方面的权力，就是国家评估委员会没有被授予的权力。国家评估委员会的各项活动都自行组织，工作计划以及评估的方案和方法也由自己决定。此外，国家评估委员会实施评估之后形成的一系列结论和建议必须要反馈给被评估的高等学校。

法国的高等教育质量评估体系呈现出明显的政府控制型特征，是因为受到了其高等教育管理集权传统的深刻影响。不仅仅是法国，在很多社会主义国家和西欧大陆国家，这种模式都是比较流行的。政府是质量评估的主体，教育行政部门的权力非常大，审批权、决策权和监督权都集中在教育行政部门的身上，对高等教育实施的质量控制是全方位的。这种模式呈现出了一种“大政府，小社会”的权力结构，政府成为高等院校与社会联系的桥梁和媒介，在这种情况下，在高等教育质量评估中，社会发挥的作用十分有限。这种模式具有很多优点，由政府掌控高等教育的质量评估，可以提高高等院校的办学效率和效益，能够使高等教育与国家政治、经济发展的需要更好地适应，能够使社会的问责在一定程度上得到满足。政府对高校工作的方方面面进行统一的规划，是在教育活动开始之前就已经开始进行了的。规划结束后，进行的所有评估活动也是以此为依据的，也就是说，政府对高等教育输入质量的关注在某种程度上已经超过了输出质量。在这种模式下，国家对高等教育的发展规模以及发展方向都是能够进行有效控制的。此外，这种模式能够对同一等级的高等教育采用同样的质量标准，也能够对同一等级的高等教育采用同样的质量评估方式，从而能够对高等教育的整体质量和平稳发展进行有效保障。

但是这种中央集权式的高等教育质量控制模式也存在着非常明显的弊端和缺点。从国家主义的教育价值观出发，外在的质量评估的目的难免与学术自由发生冲突，长期来看，不利于高等教育的长远发展，这种垂直式的管理模式、层层叠叠的行政机构，以及在这种机构运作模式下很容易产生的官僚主义的办事作风，都对整个体系的运行产生了不良的影响。在全国统一的标准下，在政府部门的直接管控之下，自身的特色就更加难以形成了。此外，政府的评估行为，在评价监督方面是相对缺乏的，这就对评估的客观公正性和科学民主性产生了一定的影响。

2. 经过革新后的法国高等教育的特点

（1）欧洲化和国际化

协调欧洲的大学教育，使之逐步形成适应整个欧洲的高等教育政策和体制，建立高等教育的欧洲模式，就成了法国教育改革的目标模式。这反映了法国企图领导欧洲和在世界格局变动中处于主流地位的愿望。20世纪90年代法国出台的一系列政策性文件，均反映了这一指向。

（2）鼓励科技创新和校企结合

20世纪80年代末以来，针对大学教育长期存在的“单一的理论教育”和脱离社会经济发展的状况，法国确立了以鼓励创新加强大学与科研机构和企业合作的抢占科技“制高点”的战略。为此，法国专门成立了教育经济委员会，加强对校企合作前景及相关政策的研究。从打破封闭性办学模式到鼓励师生创办新型企业，这是90年代法国高等教育领域的重大转变。

3. 主要评估机构

法国高等教育质量保障体系经历了从国家直接控制到向社会中介逐步过渡的变化。我们从主要评估机构的设置方面可看出这一变化趋势。一个是国家高等教育研究委员会，一个是高教评估所。高教评估所（ASE）属独立的民间高教评估机构，受教育部委托每5年对各所大学和大学校评估一次。法国国家评估委员会所进行的评估活动，是法国高等教育评估的主要形式。其评估指标分教学、科研和管理三大部分，涉及面较广。

（1）关于教学和学生指标

①学校政策。包括师资和学生的录取政策、学校的接收能力、专业设置的合理性等。②学生情况。包括留学生、带薪生情况及对大学生的社会、经济状况进行的分析。③各专业、学科中，师生数量及学生数量与授课时间之比、教基础课的高级教师数与全校教师数之比、上岗教师的比例等。④学生成功率。通过对各年级和专业的学生档案的分析，得出各专业毕业率的变化、各专业学业成功率与学科序列之间的关系。⑤获取学位的平均期限。⑥毕业生情况分析。学校是否设有观察毕业生及其从事职业情况的专门机构，对毕业生的职业情况进行分析。⑦教师的职前及在职教育。⑧继续教育。

（2）关于科研情况的指标

①教学与科研人员之比。②科研活动。各学科领域教师参加实验室工作及发表论文的比率、学术论文数量、各学科领域的研究经费数额。③科研政策。包括重要科研机构的契约、学校学术委员会对实验室及其投资决策的评估、与经济部门的联系（科研合同、技术转让、科研资金、为开发科研成果而创立的企业和设立的证书与学位、科技信息的传播）等。

（3）关于学校政策与资金、服务机构管理的指标

①学生与非教学人员、教学科研人员与其他职工的比例。②财政。各项资

金来源，自筹经费与合同资金所占比例。③各年级、各学科的学生人均费用。④服务机构。包括信息、学业与毕业指导、学生接收、图书资料、体育活动、计算中心等。⑤科研设施。包括语言实验室、视听设施和计算机等。⑥校园生活质量。包括生活环境、卫生教育、学校文化政策、大学社区与社会民众等。⑦学校政策。包括与地方政府、经济与社会伙伴及姐妹院校的关系。

（二）荷兰

1. 荷兰高等教育质量保障体系概述

荷兰高等教育质量保障体系凭借其优良的教育质量和鲜明的职业化特点，在世界上享有非常高的荣誉和评价。“宽进严出”是其高等教育采用的教育制度，在荷兰，大部分人都有进入高等院校接受教育的机会。这种教育制度为所有专业课程制定了相应的质量鉴定标准，并且定期组织专家进行严格的教育质量审核。

近年来，在高等教育国际化和高等教育质量保证的网络化的大背景下，荷兰在现有基础上，对高等教育外部质量保证体系进行了改革，引进了高等教育鉴定机制。从模式类型上看，与法国一样，荷兰的高等教育管理体制同样属于中央集权、政府主导的管理模式。

为了解决荷兰高等教育大众化进程中出现的诸如大学生辍学严重、学业年限过长、教师动力不足、大学管理乏力、组织运作低效等问题，荷兰政府逐渐认识到，为了提高高等教育机构的活力和质量，必须寻找新的途径、制定新的政策，对现行的中央集权制度进行必要的革新。经过一系列改革，使各类高校初步成为在国家法律框架下运作的自治体。

荷兰政府向高等院校“下放”一定的自治权的前提条件是：高校要接受外部评估机构的检查，要向社会证明其教育质量是符合要求的，以及对办学经费的使用是恰当合理的，要保证高校自身有能够使教育质量得到保障的能力等。经过多年的发展，荷兰的高等教育质量保障机制建设已经取得了显著的成效，构建的高等教育外部质量保障体系已经比较完善。

2. 校外质量评估

根据荷兰政府的最初规划，高等院校的内部评估由学校负责。高等院校的外部评估则由校外组织来负责，比如高教督导团、大学协会、高等职业教育学院协会等校外评估组织。而到 1986 年 4 月，由于高校质量和质量保证均是高校自身的责任这个观点被成功论证，荷兰教育、文化和科学部同意由高校自主设计足以覆盖教学、科研和服务等高校的主要活动的校外质量评估体系。经过

10 年探索，较为健全的颇具特色的校外质量评估体系已经在荷兰基本形成。

（1）大学协会

荷兰大学协会是各大学集体参加的一个跨单位组织。对大学的教学和科研质量进行校外评估是其主要职责，而其中的教学评估和科研评估是分别进行的。提升教学质量、提升教学质量的透明度、提高高等教育体系的自我管理功能等是这个协会的教学质量评估的主要目标。评估内容以学科课程为主、教育管理监督为辅。评估方式以自评和校访检查为基础。对于视察委员会提出的意见和建议，大学协会和教育、文化与科学部会责成有关高校加以改进。

（2）高等职业教育学院协会

自从 80 年代初以来，高等教育的非大学部分发生了根本的变化，但高等职业教育的质量评估体系的发展，则远远落在大学的后面。为此，专门成立了高等职业教育学院协会，负责对非大学的高等教育机构的教育状况进行评估。

二、民间中介组织主导型

民间中介组织主导型主要是通过认可活动来进行的，在社会上，设置的评估机构多是官方或者半官方的。政府对高等教育的评估活动遵循不参与评估活动、不干涉评估活动、不制订评估政策的“三不”原则。但这并不意味着，政府与高校评估活动绝缘，政府在评估活动中同样是发挥着独特的作用的。政府用特定的方式，在对评估活动充分尊重、充分支持、充分依靠的前提下，用政府特有的管理理念对评估活动产生作用。

民间中介组织主导型高等教育质量保障体系模式与其他模式最大的不同在于：它是在市场机制中发挥作用的，政府在不对学校自主权进行干预和影响的前提情况下分配教育经费。学校可以根据评估结果向政府提出自己的要求，社会可以依据和使用评估结果进行学校专业的选择，社会上需要聘用人才的公司或机构也可以利用评估结果进行对毕业生的选择。但是民间中介组织主导型也存在明显的缺点和不足。一方面，完全由民间中介组织主导的高等教育质量保证体系，认可标准会很低。另一方面，这种模式下，认可标准并不统一，存在着很多差别，这种情况对大学质量的提升是不利的。

（一）美国高等教育质量保障体系概述

美国是民间中介组织主导型的代表。这种制度的形成、发展和完善，受到美国政治、经济、文化、历史、地理等因素的深刻影响。美国的高等教育独具特色，自成体系。这与美国宪法中对联邦政府与教育之间关系的制约有很大关系。美国在相当长的一段历史时期内，并不存在全国统一的教育管理机构，高等学校的管理权限主要在州一级，各个州对高等院校的管理普遍是比较松散的，对高等院校管理的控制程度也存在很大的不同。所以，高校拥有的独立性和自主权是相当大的。换句话说，美国高等教育体制的一个显著特征是分权化和多样化。

此外，美国拥有十分发达的自由市场经济，并且私立高等教育是美国高等教育建立的基础，自始至终，在高等教育管理中占据重要地位的就是社会力量。这些独特的政治、经济、文化及教育背景，对美国高等教育质量评估体系的形成产生了重要的影响，这种体系坚持的是一种非官方的监督制度，从而促使以各级专门机构与民间组织为主体、以院校和专业认证为核心的质量评估体系基本形成。

（二）美国高等教育质量评估保障体系

1. 政府质量评估

从政府的层面来看，美国联邦教育部并不具有为高等院校制定标准和定义质量的法定权利，但是，它通过美国高等教育法的授权，拥有对联邦助学金项目以及其他的联邦项目进行管理的权利。

高等学校和专业要想参与联邦助学金项目或其他联邦项目，必须符合一定的条件，这对高等教育质量都有间接的促进作用，从而保证了认证机构的权威性。教育部要求认证机构至少在学生成绩、课程、师资、设施、财政和行政能力、学生后勤服务、招生、学位目标和学位标准等具体方面制定相应的评估标准或准则。此外，这些评估认证机构对包括师资水平和教学设备在内的教学条件水平非常重视。同时，学业成就也是这些认证机构着重强调的评估内容。认证机构并不是永远都拥有评估权利，它们需要每隔五年就被教育部重新认可一次，这个认可周期是相对于已经建立了一定年限的认证评估机构而言的，对于新建立的认证评估机构，教育部对其的认可周期，是每两年就要重新进行一次认可。

认可的基本程序分为四个步骤，包括提出申请、教育部审核、专家评审、教育部部长审核与决定。值得一提的是，美国教育部虽然能够凭借联邦政府教育部门的身份依照法律的规定开展对高等教育质量的认可工作，但是，这种认可并不是强制的。如果不经过教育部的认可，认证机构完全可以合法存在，而且可以正常开展认证工作。并且，经过教育部的认可，也并不意味着这些机构得出的认证结论对高等院校或者这些院校的专业具有法定的约束力，这是美国教育部特别强调的。虽然是否经过教育部的认可的决定权完全掌握在教育机构自己的手中，但是为了增强认证工作的权威性，以及为了获取联邦政府的资助资格，大多数院校还是更愿意接受通过了美国教育认可的认证机构的评估。而为了获得大多数院校的认可，大部分认证评估机构也都愿意通过美国教育部的认可。

美国最直接的政府评估是州高等教育质量评估，它的评估形式主要有两种：第一种是许可证审批。所有的高校只有在获得了州政府颁发的许可证之后，才能在州内授予学位和证书。第二种是绩效评估。这主要是针对公立学校，重点通常在于资源的使用效率和效果上。州政府要求学校向州教育管理部门和公众证明它们把州的教育经费用在诸如改进本科教育、基本技艺教育和职业准备等最需要的地方，以表明其绩效。

2. 社会质量评估

很多协会是专门鉴定学校的。他们的服务范围遍及美国各州和美国属地6000多所持有许可证或经特许的学校。由于美国院校鉴定机构具有长期的鉴定实践经验，有较高的威信，它们虽不强迫任何高校接受鉴定，但各高校仍视其为必经的门槛。学校鉴定制度对办学无政府状态起了很大的规范作用。

学校鉴定的程序是：学校自愿申请，提出自评报告；专家组实地考察，写出考察报告；地区高校协会审查，做出鉴定结论。学校鉴定合格的有效期为10年，10年以后要重新鉴定。对于新建高等学校的鉴定，则更为严格，时间更长，一般需经过登记、鉴定入选资格申请、入选鉴定、初次鉴定和正式鉴定五个步骤，历时10年或更长时间才能通过，以使高校不断改进质量，逐步取得社会承认。美国专业鉴定的目的在于保证专门职业性专业人才培养的基本质量。

专业鉴定的程序为：学校申请、专家组实地考察、专业协会做出鉴定结论。专业鉴定的结论分为四档：完全合格者为6V，有效期6年；有小缺点的为3R，意即3年内必须提出改进报告，有效期也是6年；问题较多，且有较大缺点为3V，意即三年后需再次实地考察，有效期为3年；不合格者为NA。鉴定合格的专业，每年公布一次。值得注意的是，专业鉴定必须是学校鉴定合格后才被接受，意在鼓励学生和教师选择鉴定合格的学校。

社会质量评估可以分为认证、认可和排名三种形式。

第一，认证。美国高等教育质量评估体系最重要的组成部分就是认证制度，这种制度发展至今，已经形成了全部的认证过程都由私立的、非官方的以及非营利的社会中介组织进行操作的基本结构。

院校认证和专业认证是美国高等教育认证体系的两个部分。院校认证和专业认证得出的认证结构，会产生很大的影响，在社会各界都会得到广泛的认同。

认证在美国的高等教育质量保证过程中具有非常重要的地位，甚至可以说是基础性的地位。

在认证范围上，全国性认证机构，只负责对某一个特定类型的院校进行认证。这类机构一部分负责对全国专门职业院校实施认证；另一部分负责对全国信仰性院校进行认证，主要对高等学校内各学科领域的专业，以及专门职业性或单科性院校进行认证。专门职业性认证机构在通常情况下是全国性的，它也是美式高等教育质量评估体系认证机构中数量最多的一类。独立的专业协会负责着专业认证活动，主要对象为高校内部的专业培养计划，为该专业的学生建立学习期间必须达到的相同的或最低的专业（职业）标准是其主要目标。

认证的作用主要有：第一，对学校或者学校的某个专业能否达到预定的标准进行鉴别。第二，使未来的学生在选择满意的学校时，能够得到相应的帮助。第三，帮助学校确定转移学分的可接受性。第四，为公共的和民间的基金在投资时对学校和专业进行鉴别提供帮助。第五，保护学校免受内部或外部的压力。第六，学校的薄弱专业，在自我改造时，能够得到认证机构的帮助，使教育机构的总体水平的提升得到鼓励。第七，保障学校的评估以及规划工作能够使教师和学校职员全面介入。第八，建立职业证书和许可的标准，建立这类课程的更新标准，从而提供联邦政府资助资格确定的依据。

认证机构虽然有很高的独立性以及自治的权利，但不是可以想怎么做就怎么做，想做什么就做什么的。美国高等教育开展认证活动的机构种类繁多，数量庞大，必须有相应的管理机构对其进行管理和监督。在美国，美国教育部和美国高等教育认证委员会这两个机构主要负责对高等教育认证机构的管理。美国教育部依照相关法律，要公布国家认可的认证机构名单。能够列入该名单的，必须是所认证的高等教育机构，以及高等教育项目的教育和培训质量具有可靠权威的认证机构。认证机构的权威性就是通过教育部的认可得到保证的。

第二，认可。成立于1996年的美国高等教育认证委员会是唯一对高等教育认证机构进行认可的非官方组织。美国高等教育认证委员会通过审查并验证认证机构的能力和质量，规范其认证行为，实现三大认可目标：提高学术质量、确保认证机构履行相应的责任和义务以及鼓励有目的性的改革和必要的改进。

第三，排名。排名是指借助特定的指标体系，按院校或专业的资源和能力，将其排序。现在美国的大学排行主要是由新闻媒体发起、组织、主持并发布的。最突出的大学学院媒体推动的排名，以其活动频率高、操作简捷、排行对象介入少、媒体推广和品牌经营意识强等特点，为美国普通公众，甚至是美国以外的许多国家所广泛关注。但也正是由于这些特点，这类排名在高等教育领域的反响不一，毁誉参半。

3. 学生质量评估

（1）学生评教

学生评教在美国高校的教学管理实践中相当普遍，可算是其一大特色，它在促进教师不断改进教学、提高高校教学质量方面起着积极的作用。在学生评教工作中，最常用的方法是教学评价量表。绝大多数的学院和大学都采用了不同形式的学生评价问卷或调查表来收集教学信息。由于教育者对“成功的教学”或教学评价标准的看法不同，故各高校所设计的量表也不尽相同。近年来，随着学生评教方法的成熟和完善，问卷调查有标准化的趋势。这包含两层的含义：首先，问卷不再由各校随意制订，而是由专门的教育评价机构主持，经专家们研究制订，甚至是有版权的。这样就确保了问卷有先进的教学评价思想做指导，可操作、效度高。其次，通过研究，问卷概括了在不同类型课程中影响教学效果的共性因素，从而一份标准化的问卷可以广泛适用于不同学校、不同学科（文、理、工、艺等大学科可以分别有不同的标准）、不同年级的课程。这样就可以比较准确地对大量的问卷做统一的统计、分析、比较和研究。美国教育测验服务中心设计的《学生教学报告》是具有代表性的教学量表之一。

（2）学生满意度调查

学生满意度调查是美国高校为了实现全面质量评估所进行的一种自觉的校生关系管理行为。大学根据自己的需要，自愿向认证公司提出有偿申请，由该公司向其全体或部分学生发放调查问卷，而后根据调查结果并参照全国大学生满意度调查情况提交一系列调查报告。美国大学学生满意度调查给国家和高等教育机构提供了一个从学生满意的角度系统地观测教育服务质量的途径，是美国高等教育市场化的必然产物。对学生而言，学生满意度测评表达了其对所使用或购买的产品和服务的质量的评价，是自己作为高等教育消费者行使权利的一种方式。

三、中介机构与院校结合型

这种模式主要存在于英国和英联邦的一些国家，如澳大利亚、新西兰等。它的最大特点是政府不作为官方机构介入大学质量保证，而是建立独立于政府的中介机构对大学进行质量监控。中介机构虽不受制于政府，但在一定程度上也代表着政府的意愿，这使得政府既不直接插手评估，又不脱离具体的评估活动。政府发挥的是间接指导作用。这种质量保证类型是很有效的，它使院校层面的质量保证体系、学科层面的过程和结果的系统评估结合在一起，被人们广为接受。但其过程复杂，程序烦琐，耗费的人力、财力都很大。

（一）英国高等教育质量保障体系概述

英国高等教育系统由50所老大学、85所新大学以及300多所地方学院组成。英国高等教育具有悠久的历史传统，大学自治、学术自由、专家治校等理念，对世界高等教育曾产生过深远的影响。其中的大学自治理念一直是英国高等教育引以为豪的重要方面，被称作英国高等教育的基石之一。大学，特别是传统大学的发展遵循的是大学的内在逻辑，在学术决策、言论著述、教学管理和招生聘任等方面一直享有充分的自治权，政府和市场的影响都非常有限。即使是1919年英国政府成立的大学拨款委员会，其主要职责也只是调查大学的经费需求，把政府划拨的经费切分给大学，并不具体介入大学事务，更不负责对大学教育质量的监督与管理。直到第二次世界大战以前，大学都是“免检”的，即大学质量评估是大学自身的事情。

院校自主型的质量评估模式起源于英国。其核心是：大学的质量主要由大学自己负责，具体由学术专家进行评判，不容外界干预。用英国人自己的话说就是，大学的教育质量是不证自明的。

英国高等教育质量评估的传统模式主要包括三种制度：①教学开业证书制度。在学生完成学业后，要求学生通过考试，授予大学毕业生学位或者教学开业证书。②严格的入学考试制度。英国大学用严格的入学标准选择大学新生，希望在“入口”处把好关，实行对高等教育质量的控制。③校外同行评审制度。一所大学要获得高等教育界的公认，它就有必要聘请若干“校外督察员”，对其教育目标、课程计划、师资水平、设备条件、招生、学生作业及考试试卷等进行评审。

大学自治的传统并不主要是国家权力和市场作用的直接结果，而更多的是大学自然生成的性质和自我保护使然。在院校自主型模式中，质量评估的主体是高校，政府与社会不参与高等教育质量评估活动，或参与程度不高。从权力结构来看，起决定性作用的是院校自治和学术力量，国家权力和市场力的影响都不大。该模式的高等教育质量评估以质量本身的改进与提高为目的，由学术专家组成的高校内部组织机构负责，通过校内自我评价辅以外部同行评价的方法，重点对高等教育的输入质量和过程质量进行评估，如进行严格的新生入学选拔和教学人员甄选、制定严格的教学管理制度等。

第二次世界大战后，英国高等教育获得极大的发展，本属于精英教育性质的高等教育系统逐步向广大群众和社会敞开大门。因此，由高校自己确定发展目标、质量标准以及质量评估的机构与人员、程序与方法的院校自主型模式，不再令政府与社会满意。同时，该模式主体与权力结构的单一性也遭到质疑。大学远离社会，发展缓慢，规模狭小，观念陈旧，无法满足社会对高等教育的多方需求。20 世纪 60 年代后，英国高等教育面临着三大挑战，即扩张、多样化和大众化。扩张是为了满足教育民主化浪潮下民众对高等教育日益增长的需要，这导致了英国 60 至 70 年代和 80 至 90 年代两次大规模的扩张，学生人数大量增加。多样化是 70 年代后经济转型、结构调整的必然结果。英国为此在大学之外兴办了一批职业性的科技术学院和其他学院，以提供不同类型的学校去满足不同学生的要求，由此形成了大学和非大学的二元结构。高等教育大众化的结果，则引发了严重的质量问题，学生太多，负荷过重，经费短缺，校园拥挤，以致很难进行正常的学习、工作和管理。学校作为高等教育质量的生产者，由其自己来评估质量是应该的，但仅有内部评估其实是“监控不足”的，必须有外部力量的参与，将内部评估与外部评估结合起来才能取得成效。

英国的高校是自我管理的自治机构，校长是选举产生，而不是由政府指派的。高等学校不是政府的附属机关，政府与高等学校也没有行政上的隶属关系，政府不能对其直接下达指令，只能通过评估等中间机构的运作间接影响高等学校。学术专家在学术决策、项目研究、教学管理、学科建设和招生录取等方面发挥着不可替代的作用，是校内质量控制的主体。根据专家治校的特点，以及借鉴全面质量管理和 ISO9000 标准，英国设计了校内的教学质量控制体系。与此相适应，各高校普遍采用了三种评定教学质量的方法，即批判性的自我检查、学生反馈和校外的同行评审，三种方法在三个环节的综合应用就构成了英国高校内部质量控制的基本要素。

（二）英国高等教育改革的市场取向

面对逐渐产生的弊端，经过一系列改革，推动英国高等教育结构、功能和规模发生较大的变化。英国高教改革是以市场为导向的，这与英国政府在其他领域所推行的市场化改革的方向完全一致。主要包括三个方面。

1. 削减高教经费，将高校逐步推向市场

早在撒切尔政府时期，即采取了削减各种层次的公共经费的措施。对高等教育主要有两项：一是取消对欧共体成员国以外国家留学生的补贴，二是将高等教育经费削减 15%。迫使大学和科技术学院通过与外界相联系等途径，寻求其他经费来源，从而形成了一种市场机制。削减高教经费直接带来两个后果：一是推动高教资源配置的多元化，使高校必须以提供教育服务的方式与社会（资助机构）之间建立契约关系，明确高等教育机构的责任，使高等教育逐步走出象牙塔。二是在高等教育内部引入竞争机制，调动高校体制改革进取的积极性，提高活力与效率。

2. 改革拨款机制，将经费与办学质量挂钩

政府原来是通过大学拨款委员会这一中介组织协助制订和执行拨款计划的，该机构在将原来分散管理的大学集中为统一管理的大学方面发挥了重要作用。但作为中介组织，其更多的是站在大学一边向政府争取经费。1998 年政府对大学拨款委员会进行改造，将其更名为高等教育基金委员会，负责将政府规定的总经费分配给各大学。基金会充实了一些工商企业和财政方面的代表为其成员。政府强调，对大学的拨款应以大学与基金会签订合同的方式予以约束。基金会也应以备忘录方式对政府承担相应的责任。

1991 年政府白皮书对高教体制做出重大改革：政府将与拨款单位协商改进教学质量。其建议有二：一是增加学生人头费，鼓励多招生；二是在人头费以外另拨一笔经费，与学校办学质量挂钩，根据评估的成绩确定数额。将大学基金会和科技术学院基金会合并，以便采用统一的标准拨款。这就意味着，由政府代表消费者的利益，以合同的方式，委托中介组织向高等教育机构购买服务，优质优价，劣质劣价，甚至取消合同。高等教育基金委员会成为政府合法干预高等教育的中介机构。

3. 实行二元并轨，建立统一的高等教育市场

英国原有的大学和非大学部分分别属于中央和地方当局管理，高教系统与高职系统互不兼容。政府实行紧缩教育经费政策后，遭到代表地方当局和科技术学院利益的全国咨询委员会的反对。他们以削减学生人数和取消某些系作为威胁，迫使政府改变其削减计划。在较长时间里，英国高等教育毛入学率一直变化不大。为此，1988 年《教育改革法》采取了一系列措施，扫除了行政的和业内的障碍，使统一的教育市场得以出现。29 所科技术学院和 50 多所其他学院由此成为独立自治的法人组织。

（三）英国高等教育质量评估保障体系

从院校自治到政府控制再到两者合作，英国的高等教育质量保障体系一直在不断革新。这种现象主要存在于以英国为代表的，具有悠久大学传统的欧洲

国家。实践证明，自治既是高等教育的发展的客观需要，也是高等教育自我调整、自我完善的“内在逻辑”。同时，随着高等教育的发展，成立高等教育机构成为提高综合国力且需要政府做出巨大投入的专门活动，客观上要求高等教育机构对国家与社会的需要做出积极的回应。

在政校合作型范式中，为了维持学术标准，促进高等教育质量的改进与提高，也为了向外界提供质量信息和质量证据，避免过多的外部干预，高校内部形成了一套系统化、制度化的质量评估机制，以自我评估方法为主，重点对高等教育过程质量进行监控。而政府出于自身高等教育的价值需求，为了确保高等教育投资得到合理、恰当的使用，最大限度地产生社会效益，则通过教育行政部门或具有官方性质的中介机构，采用外部审计等方法，侧重对高等学校的办学资源和办学条件进行质量评估，即更注重输入保证。与教育行政部门亲自出面相比，政府成立的中介机构作为政府和高校之间的缓冲器和政府控制高等教育的温和手段，优势更为明显。英国范式就是一种政府主导下的半官方中介机构与高校合作型的高等教育质量评估模式。总之，高校是内部质量评估的主体，政府是外部质量评估的主体，政府和高校分工合作，共同承担高等教育质量评估的责任。

政校合作型范式在院校自治与绩效责任之间达到了一定程度的平衡。然而，主导其运行的主要是国家权力和院校自治力量，市场机制的作用和影响不大。这就使市场调节机制具有的自发性、成本低、效率高的优点难以发挥，高等教育质量评估过程耗费的人力、财力都很大，也使得社会的质量需求难以得到及时的反映，高等学校的办学缺乏活力。

英国具有大学自治和重视质量的传统，虽然高等教育的绝大多数经费由国家资助，但政府教育改革的市场取向与大学自治理念的有机结合，使英国高等教育质量保障体系呈现出明显的多元保证特征。它主要由三个部分组成。

1. 高校内部的质量控制

高校内部的质量控制是指“大学内部为维持和提高教育质量而实施的管理过程”，包括大学为达到一定的质量标准而采取的各种措施与行动。学术专家在学术决策、项目研究、教学管理、学科建设和招生聘任等方面发挥着不可替代的自主作用，自然成为校内质量控制的主体。根据专家治校的特点，以及借鉴全面质量管理和ISO9000标准，英国设计了校内的教学质量控制体系。这一体系涵盖了教学目标和标准学生学习环境、教学资源分配、课程发展、师资培训与提高等各个方面。

（1）常规监控

常规监控一般是在学年末，由开设该专业的院系自己执行，主要考察专业是否有效地达到既定的目标、学生的学习产出是否有效地达到设定的要求。在评价过程中会参考的因素有：校外督察员的意见和建议及他们提交的报告，教职员工对课程的管理、授课情况和成果的评价，学生的反馈情况和学习情况，负责专业鉴定的专门职业机构和其他高校内外质量评估机构的报告，以及往届学生及其雇主的意见等。此外，监控等内容还包括对学术标准、评估过程和评估结果的综合评价，学校和院系的学习条件，资源缺乏情况和对未来发展的需求等。在此基础上对课程设置做出调整，以保证课程的有效性。

（2）定期审查

定期审查通常每5年一次，由学校主持进行。各高校往往聘请外部专家参与，主要考察学校为各专业所设定的培养目标和学习产出是否仍然适当，一般会考虑的因素有：①作为常规监控的结果，针对课程设计和实行所做的各种变动调整的实际累积效果；②该学科目前研究、应用的实际情况和技术优势；③外部参照点的变动，如质量保证框架、学科基准、专业机构要求等。

（3）学生反馈

各所大学都强调学生对教师上课的评价。学生课程评价包括口头意见建议和正式评估问卷等形式。还有一些大学的正式评估问卷是在网上完成的，学校通过给予一些奖励来鼓励学生参加评估。评估结果由学校分析后反馈给系主任和任课教师。

（4）校外同行评审

英国高校还有颇具特色的校外督察员制度。学校一般每 3 年一次聘请若干独立的学术专家作为校外督察员，他们或来自其他学校，或来自相关实际工作部门。督察员就指定专业的运作情况，每年向主管校领导提交一份年度报告，为实现此目标，校外督察员必须参与学位授予评价的全过程，并对存在疑问的学位授予情况提出建议，此外还要对教学课程的课程结构、内容是否均衡、合理，以及学位计划、评估过程提出中立的咨询意见。

2.QAA 质量保证

QAA（高等教育质量保证署）负责对全英高等学校提供统一的综合质量保证服务，作为一个独立于政府和高校的社会中介组织，QAA 与各主要的高等教育拨款机构签有合同，其核心工作是负责评估英国高等教育的学术标准和质量。其除了按照委托合同获得高等教育拨款机构拨付的款项外，还可以接受高校的捐赠资助。

（1）学位资格框架

QAA 主持制订的学位资格框架明确界定了高等教育各个层次的学历和学位的特征与标准，包括高等教育证书、荣誉学士学位、硕士学位、博士学位等。它在帮助人们了解学历和学位的含义和等级的同时，实际上也向公众保证了，不论是出于英国哪所高等学校，只要是类似的学历或学位，就意味着类似层次的水准。学位资格框架共有两个：一个适用于英格兰、威尔士和北爱尔兰，另一个适用于苏格兰。

（2）院校审核

QAA 成立以后，形成了高等教育外部质量保障体系的统一运作模式，负责完成原高等教育拨款委员会在学科层次上进行的科目审查和原高等教育质量委员会在院校层次上进行的学术质量审核，并将二者合称为学术审查。学术质量审查在 1998—2002 年又更名为二次审核。学术审查由相互关联的三个方面组成，即审查学校对学术标准的掌握、学校向学生提供的学习条件的质量、学校对于标准和质量的管理。前两者是在学科层次上进行的，而后者是在院校层次上予以审查的。

整个审核流程大致可以归纳为三个阶段：①前期准备。包括院校和 QAA 召开预备会议、QAA 确定审核小组成员、院校提交审核材料。②实地调查。主要是院校调查，包括简单调查和审核调查。此外，还将根据实际需要有选择地进行学科追踪审核或专题质询。③形成结论及后续跟踪。最终向社会公布的审核报告将院校的可信赖度分为“广泛信赖”“有限信赖”和“不可信赖”三类。针对“有限信赖”和“不可信赖”的判断，QAA 规定了院校呈递行动计划及改进报告的不同时限。

此外，QAA 还设计了合作办学审核，作为院校审核的延续。QAA 主要考察合作办学的质量以及有学位授予权的大学对其合作组织进行管理的有效性。各院校在结束院校审核之后可以申请 CPA。CPA 是英国高等教育质量评估体系的一个组成部分，已有学者建议将其并入院校审核，其结论也将作为院校审核的证据来源之一。

3. 社会评估

由于高等教育大众化的推行，高等学校对社会的影响日益加深，社会对高等学校教育质量的关注也与日俱增。社会对高等学校的教育质量实施监督和评估主要有三种方式。

（1）校外人员直接参与学校管理

如以校董会成员身份参与学校发展规划、确定校长人选等工作；以校外同行专家身份参与校外考试工作，监督教学过程；以企业代表身份参与学校专业设置论证，评估市场前景；以毕业生代表身份反馈“产品”的社会适应性等信息，提出改进教学质量的意见和建议等。

某些专业，如工程专业、法律专业、会计专业和医学专业的学生，毕业后往往需要取得专门职业或普通职业的执业资格，因此这些专业就要接受专门职业团体或法定团体的认证。例如，医学专业要接受英格兰国家健康服务中心的专业评估。

（2）《泰晤士报》每年一次的高等学校排行榜

《泰晤士报》定期进行优秀大学介绍。这实际上是聘请有权威的专家从民间的角度对各大学做出全面评价，以指导社会选择大学。这一颇具影响力的评估对各大学造成了相当压力，是英国高校接受社会监督和民间评估的最主要的形式。

（3）全英科研评估

全英科研评估（RAE）是另一项影响较大的质量评估活动。英国的大学向来有追求纯学术研究的风气，轻视社会生产和实践，其经费多靠私人捐助和学费维持。但随着 19 世纪后半期经济和科技的发展，英国的经济、科技竞争力落后于美国、德国，英国朝野下决心资助高等教育事业。其 1919 年成立大学拨款委员会，1988 年大学基金会取代大学拨款委员会，代表政府在各大学之间分配教学和科研经费。英国的科研经费主要通过两个不同性质的渠道筹集：通过大学基金会拨款，主要用于实验室建设；由学校申报具体科研项目，从科研委员会获取。在大学和学院基金会基础上成立的高等教育基金委员会沿用了上述坚持双渠道，提高竞争，有重点、按质量拨发的原则。但强调，每一个拨款对象都应该是经过评估的机构。

科研评估的主要方法包括：建立学科专家组；各学校按评估单元准备和提供书面报告；各学科专家组确定并公布各自的评估指标体系及工作程序；学科专家组根据评估指标体系进行正式评估打分；英国高教基金会根据学科评估结果在各学科之间和同一学科不同学校之间分配科研经费。科研评估对各高校的经费来源、学科建设、社会声誉乃至国际地位影响甚大，各高校均不敢掉以轻心，专门成立相应机构指导协调该项工作，并力求在学科特色上下功夫。评估活动已成为英国政府监控和提高高校科研质量的有效手段。由于评估与经费挂钩，也会产生一些短视行为，如各学校之间竞争的加剧，必然会削弱学科之间的相互交流与合作；此外，评估的主要指标是科研成果和论著，这对一些新兴学科、交叉学科、应用学科及短时期很难见成效的学科的发展不利，需要在实践中加以相应改进。

（4）学生的质量调查

与美国相比，英国大学的学生调查开展得较晚，但近年来许多大学纷纷开展校内的学生满意度调查，学生有选择参与调查的自主权利，首先由高校做好学生基本材料调查，愿意参加调查的学生的资料将被直接提供给 Ipsos MORI 公司。在英国 QAA 的院校审核中，学生也发挥着积极的作用。首先，在前期准备阶段，院校提交的审核资料中就包括了学生代表团体单独的书面材料；其次，无论是何种类型的实地调查，与学生面对面交流都是其不可或缺的一部分；最后，QAA 有专门人员负责学生事务，并与学生代表团体合作，帮助广大学生了解并参与到质量保障工作中去，甚至在 QAA 的理事会中也有学生代表一席。把对学生学习经历的调查纳入英国高等教育质量保障框架，专门为学生开辟了一条高等教育质量反馈渠道，这无疑是英国高等教育发展中的新动向。

目前 NSS 使用的是“大学生满意度量表”。该量表是对 23 ～ 30 岁的大学毕业生在大学的课程学习经历的调查，分成 6 个维度，每个维度都包括 3 至 5 个问题，每个问题有“完全同意、基本同意、无法确定、基本不同意、完全不同意”5 个等级设计。最后还有一个对课程质量的总体满意度评测。这一量表主要通过网络在线方式提交，Ipsos MORI 公司会用 E-mail 的方式将 NSS 网络链接发给愿意参与调查的学生，并用邮件和电话的方式来补充调查。NSS 调查的数据会形成一份总的调查报告，发布在教学质量信息网页上，既作为高校间教学质量信息的比照，又和 QAA 一起作为英国高等教育质量保障的框架组合，更可以为未来学生申请学校和专业提供参考。

此外，NSS 还将根据每个参与学校的组织管理结构，形成分报告，直接提交给各个学校，为学校的发展提出建议。如果学校需要原始的统计数据，NSS 也会委任 Ipsos MORI 公司安排专家，帮助学校做必要的统计工作。以 NSS 为代表的学生学习经历调查把学生摆在高等教育质量评估和保障外部主体的位置上，为英国外部质量监控提供了新的视角，同时从主体构成方面丰富和完善了英国高等教育的质量保障框架。

四、统分结合型

（一）日本高等教育质量保障体系概述

日本高等教育系统由国立、公立和私立三种类型的大学以及四年制大学、三年制高等专科学校、两年制短期大学和专修学校等四种形式的学校组成。日本大学自近代创建以来，一直处在军国主义的强权控制之下。1947年《教育基本法》颁布后，才为高等教育大众化、民主化提供了法律保障。由于美国的干预，日本将过去中央集权管理大学的形式改为中央指导下的大学自治制。后来逐步形成了统分结合的质量保障模式。

进入80年代后，日本高等教育面临着三大挑战：一是"学历化社会"和"应试教育"弊端日益显现，严重阻碍了学生创造能力的培养。二是国立大学机构臃肿，活力不足，效率低下。三是基准制度全盘照抄美国，评估作用难以有效发挥。

为此战后的第三次改革，旨在给大学"松绑"，使各大学具有更大的自主权。后者在减少政府对大学进行行政控制的同时试图建立一种大学自我约束的新机制。世纪之交，高等教育结构与经济社会发展不相适应的矛盾突出，自我评价也面临种种困境。为引导日本经济走出长期低迷的困境，2001年日本文部省提出"大学结构改革方针"，再次对高等教育结构进行重大改革，其主要内容是：①大胆对国立大学进行重组和合并。②将国立大学改革成与独立行政法人不同，采取民间经营方式的新模式法人，使之更具有灵活性、战略性和竞争性。③实行通过第三者对大学进行评估的制度，推动大学开展竞争。④以研究生院为单位，对大约30个领域予以重点建设。上述改革，将对日本增强大学活力、提高国际竞争力以及建立多元的质量保障体系产生重大影响。

（二）日本高等教育质量评估保障体系

1. 合格判定制度

合格判定制度亦称基准认可制度。由大学基准协会依据大学设置基准对大学设置的资格进行质量认证。这种基准实际上是指设置一所大学所必需的最低标准，包括学部学科和讲座制的编成、教师的编成和资格、学生定额、学位、授业科目、授业方法、毕业条件、设施设备等。合格判定的程序是：先由申请学校进行自我检查、评价，上交自评材料；再由基准协会通过各种方式进行检查和评价；最后由协会评议员会和理事会对加盟判定委员会和互相评价委员会做出的结论及建议、意见、忠告等进行审议，各大学将会在审议通过之后收到最终的结论。

2. 校外第三者评价

校外第三者评价有一个变化过程，开始由各大学独立邀请校外人士或利用大学基准协会的相互评估进行；后由全国性、专门的评估机构进行。校外评价作为日本大学评价的重要内容，是法律赋予大学自身的责任。大学审议会对校外评价的形式未做统一规定，需由各大学自己探索。

第二节　国外高等教育质量保障体系的特点

一、普遍建立

自20世纪80年代中后期以来，高等教育进入了普及化和国际化的时代。对高等教育管理来说，无论是包括美国、英国、日本在内的发达国家，还是包括印度、中国等在内的发展中国家，都将建立覆盖全国的高等教育质量保障体系作为重点。从我国的情况看，普通高等院校的本科教学工作水平评估已经成为一些包括地方性院校在内的高校发展建设的指挥棒。在美国的一些大学，甚至将教育质量保障作为一项专门的工作和任务来对待。在经济全球化的大背景下，全球化的高等教育的竞争也日趋激烈。对高等教育水平的整体提升，越发成为各国政府教育主管部门的共识。

二、保障的范围比较宽泛

世界各国的高等教育质量保障范围十分宽泛，有以整体评价为主的学校，有以学科评价为主的学校，也有以科学研究评价为主的学校。但从总体上来说，教学领域是各国质量保障的重点。内部的质量控制与外部的质量保障相结合，在自我评价的前提下以“评”促“建”，以“外”促“内”，是各国高等教育共同采用的方式。

单一的质量保障模式并不完善。例如，日本1991年引入自我检查、自我评价机制后，经过10年实践，始终感到，要想达到大学评价的预期效果，将外部的第三者评价机制作为自我评价机制的补充是非常必要的。在这些评价机制的共同作用下所得出的评价结果要与办学经费进行挂钩，从而使高等院校能够在政府的推动力、市场的吸引力和社会的压力下，自觉地担负起质量保障的责任。并且，即便是在与办学经费不挂钩的情况下，这些评价机制的评估结果也会对政府的拨款和社会的捐助产生重要影响。

三、学生在高等教育质量评估中发挥重要的作用

在西方许多大学中，学生参与学校管理早已成为一种制度，这是顺应服务型大学的发展趋势而出现的。在法国，学生以多样的形式参与质量监控。首先，学生在院校评估中发挥作用。其次，学生积极参与高等教育管理。最后，充分调动学生进行教学课程和培训项目评估的理念正逐渐被实行和推广。在英国QAA的院校审核中，学生也发挥着积极的作用。首先，在前期准备阶段，院校提交的审核资料中就包括了学生代表团体单独的书面材料；其次，无论是何种类型的实地调查，与学生面对面交流都是其不可或缺的一部分；此外，QAA有专门人员负责学生事务，并与学生代表团体合作，帮助广大学生了解并参与到质量保障工作中去，甚至在QAA的理事会中也有学生代表一席。把对学生学习经历的调查纳入英国高等教育质量保障框架，专门为学生开辟了一条高等教育质量反馈渠道，这无疑是英国高等教育发展中的新动向。

第三节　国外高等教育质量保障体系对我国的启示

一、强化质量意识是高等教育大众化的内在要求

分析发达国家的高等教育发展历史，了解他们的高等教育质量保障体系，是为了在我们的发展过程中，学习他们的优点，吸取他们的教训。因为，我们正处在实现高等教育大众化的关键阶段，发达国家所走过的弯路在我国的发展过程中同样有可能出现。发达国家的质量意识非常强，这是值得我们借鉴的地方。我们只有努力树立正确的质量观，保持良好的质量意识，才能在我国的高等教育质量保障体系发展过程中避免或减轻与其他国家类似的质量综合征，这也是我国高等教育质量保障体系良好发展的重要前提。

我们必须要既保证质量又努力实现教育的大众化，这两者应该兼顾，而不能失衡。用精英教育的质量观去限制高等教育大众化的发展不可行，反过来，一味地发展高等教育的大众化，而不顾质量、不顾条件地进行盲目的扩张同样是不可取的。无法保障质量的高等教育大众化，不仅不能成为真正的大众化，而且还会造成严重的教育资源的浪费。也只有在保证质量的前提下进行的高等教育大众化，才能使有限的教育资源得到真正充分有效的利用。因此，高等教育的质量意识，是高等教育大众化的内在需求，必须得到强化和重视。

二、继续调整高等教育结构是改革重点

我国当前高等教育改革的重点是继续对高等教育的结构进行调整，对办学条件进行大力的改善，这些也是更深层次的质量问题。与发达国家相比，我国的教育基础相对薄弱，教育资源有限，等待接受高等教育的人口数量是很庞大的。现有的高等教育结构和投入机制远远不能支撑高等教育大众化的可持续发展。单一的公立高等教育体系和教育经费占GDP的比例长期低于发展中国家的现状，从根本上制约着中国高等教育的发展，为了中华民族的未来，对此必须做出大的改变。

三、注重高等教育评估体系的动态性

评价体系的动态性意味着在确定高等教育质量体系的过程中，我们必须关注学科发展、社会变化以及学生特征的变化，并在评价指标中反映这些变化。为社会提供合格的专业技术人才和管理人才，是我国高等教育质量保障的目标之一，与此同时，具有高度的政治责任感和共产主义道德素质也是必然要求。

在不同的时期，对高等教育质量保障体系的需求也是不相同的，因此，在不同的时期，对高等教育质量保障体系的要求也不相同，高等教育质量保障体系的指标，只有保持弹性并具有灵活性和动态性，才能顺应时代的发展，才能与时俱进，符合不同时代的要求。

评价专家的组成同样应该具有动态性，包括建立一种动态性的专家培训机制，这也是高等教育评估体系的动态性的体现和反映。通过对教育部主导的高等教育评估体系的人员构成的研究，我们可以发现，在一般情况下，是由教育部抽调各高校的教育行政管理人员组成评估团队。容易形成“关系评估”是这种团队的一个显而易见的缺陷，一旦评估结果受到了某种关系的影响，就很难使学校的真正的教学水平和科学研究水平在评估结果中反映出来。所以，建立一种动态的、灵活的评估机制，可以在最大程度上使人为因素的干扰降低，从而尽可能地避免评价结果的失真。

四、发展中介性评估机构

高等教育评估在我国一直作为一项行政工作来进行。这种模式有一定的优势，同时也有自身的缺陷。这种模式的优势是能够顾全大局，能够对教育政策产生很大的推动作用。但缺陷也是十分明显的，这种模式的评估主体相对单一，

评估活动具有垄断性和随意性，评估主体具有封闭性，因此，这种模式的质量评估结果缺乏一定的公正性和科学性。

从发达国家高等教育质量保障体系模式的发展历程中，我们可以吸取一定的经验和教训。我们应该培养和发展社会中介组织，并逐步由行政管理向其他手段转变，比如运用立法、拨款以及其他必要的行政手段，在宏观上进行管理。此外，逐步将高等教育的具体业务管理工作转移给社会中介机构，逐步建立和完善高等教育决策咨询、信息统计、质量评估等社会中介体系，从而通过社会中介组织，实现我国高等教育体系的自我约束和自我发展。

值得注意的是，社会中介评价机构的建立，涉及方方面面，与之配套的相关法律法规也必须同时建立，这样才能使社会中介机构的行为得到约束。只有这样，才能使社会中介机构在获得高等院校的支持方面得到保证，并且使社会中介机构的评价活动和评价结果能够做到公正、公平、公开。

五、加强对高等教育评估人才的培养

高等教育评估机构的人力资源建设以及高等院校自身的人力资源建设是有关高等教育评估人才建设的两个主要体现。高等教育质量一方面是保证国家和地区教育竞争力的核心要素，另一方面也是国家和地区在经济、政治、文化等诸多方面体现竞争力的关键因素。所以，对高等教育质量必须长期关注，不能松懈。在高等院校内部使高等教育保障体系得到完善是十分有必要的，这样就能够时刻督促高校自身教育质量的不断提高。所以，建立一支数量充足、高水平的质量评估专业队伍，无论在内部质量评价体系之中，还是在外部质量评价体系之中，都是当务之急。

我国的高等教育质量保证体系与国外的已经发展得比较成熟的高等教育质量保障体系相比，仍然处于刚刚起步的发展阶段，还有很多需要探索和解决的问题。当今时代，教育国际化趋势逐步加强，高等教育逐渐开放，我国的高等教育质量保障体系的研究者和实践者不得不面临如何借鉴国外先进经验的问题。我们应该怎样借鉴国外以及发展成熟的高等教育质量保证体系，使我国高等教育质量保证体系得到完善，这值得我们进行深入的思考。我们无论在理论上还是在实践中都需要不断地进行探索和革新，在高等教育质量保证体系的研究中投入更多的精力，使国家高等教育领域的竞争力不断增强，使高等教育成为为国家保持竞争优势的坚实基础。

第七章　完善地方本科院校教学质量保障体系的策略

近年来，我国对地方本科院校教学质量的关注日益加强，各个院校纷纷开始着手建立和完善教学质量保障体系。本章主要分为：塑造优秀的教学质量文化；化解改革阻力，增强建设动力；改进地方本科院校教学质量保障体系结构三部分。主要内容包括：教学质量文化的内涵与功能、教学质量文化的外在表现、重视制度创新的宣传、保证师生的广泛参与、教学质量保障体系的组织结构、强化教学质量保障体系的关键功能等。

第一节　塑造优秀的教学质量文化

一、教学质量文化的内涵与功能

教学质量文化不仅是由质量与文化相融合产生出的新概念，还是从学校文化派生出来的一个下位概念，无论怎样理解教学质量文化，都不应脱离文化概念的范畴。因此，为了更好地理解和把握教育质量文化的内涵，就必须将重点放在溯源文化概念上。

对于文化的内涵，国外学者已经争论了好几个世纪。20 世纪 50 年代初，美国人类学家克鲁伯和克拉克洪在《文化：关于概念和定义的批判性回顾》中对文化定义的收集就高达 164 种；我国郑金洲教授在《教育文化学》中罗列了 310 种文化定义。

总的来说，文化概念具有动态的“文化活动”和静态的“文化实体”两条不同的发展道路。1871 年英国学者泰勒对文化的定义促进了“文化实体”概念的发展，他从广义的人种学的意义出发，提出了文化作为一个复杂的整体所包括的风俗、法律、知识、信仰、道德、艺术，以及作为社会成员所具有的习惯和一切能力。由此可知，作为“文化实体”的教学质量文化，充分强调了教学质量文化的完成状态，采用了“向后看”的研究思路，不仅给教学质量文化划定了边界，同时也给予了教学质量文化静态描述。除此之外，教学质量文化还强调了学校的特色，以及其与其他社会组织的区别。

“文化活动”并不是一个名词，而是文化的动词，其主要强调的是一种面向未来的发展动态。因此，为了更好地认清文化对于教学质量持续改进的重要意义，从而充分理解教学质量文化，就要求高校必须将“文化实体”与“文化活动”结合起来进行分析。对于教学质量文化的理解主要包括以下几种。

①对于教育工作者而言，教学质量文化是一种在意识上实现了自我追求的高度理性的文化，不仅有利于教育工作者在潜移默化中陶冶身心，从而发挥示范性的功能，同时还有利于教育工作者强化自我修养，以教学质量文化塑造自身形象，成为学生学习的榜样。

②是一种无形的质量信念。对于大学生而言，价值观和行为准则的综合体是其自觉遵守和追求的群体意识。而优秀的教学质量文化不仅能够帮助大学生形成一种校荣我荣的强大凝聚力和向心力，还能发挥激励功能，即将师生员工凝聚在一起，使他们的思想情感与学校的发展紧密联系。

③是一种难以物化的精神理念。教育质量文化可以规范、引领师生与员工的质量行为，是大学在培养人才的教学活动中形成的一种约束力量，具有引领性的功能。除此之外，教学质量文化还可以使教师的个体目标逐渐转变为教学质量目标和人才培养目标。

④教学质量文化是在不断总结质量管理经验的基础上形成的质量理论，不仅能够有效指导教学实践，同时又形成于教学实践，是高校质量管理经验的结晶。优秀的教学质量文化在形成的过程中，既能够向社会传播和扩散，体现出传播的功能，也能够在校内得到普遍接受和认可。

二、教学质量文化的外在表现

（一）大学教师的教学行为方式

约翰·塞菲尔和玛修·金认为大学的教学质量文化就是指教师群体对教学行为意图的理解和对所应遵循的行为的认同，即“我们这里做事的方式”。这种做事的方式，是通过潜移默化的内在规则实现的。教师群体的礼仪、惯例、经验，以及愿意遵守的教学规定等都是教学质量文化的重要体现。

（二）信仰、价值和传统组成的“内在实体”

文化展示着事情的整个面貌和全部过程，详细说明了一个社会组织内部的真实情况，充分强调了其背景和历史是由“人”所塑造的。在一个长期过程中形成的教学质量文化具有一定的规律，教学质量文化既会受到群体成员的影响，又可以影响学校的群体成员。由此可知，教学质量文化必须是由人所塑造的，同时其主要表现在高校群体关于工作的传统、价值和信仰的描述中。近年来，各个高校都会出现师生、员工津津乐道的教学轶事，并会表达其对各个事件的态度。在这一过程中，高校成员为了能够准确判断自己在群体中的位置，必须观察、分析其他人的态度和感官，从而决定后续发生类似情况时自己的选择方向，即坚持己见或是选择改变。

美国兰德公司通过其开发的德尔菲技术，证明了类似的事件重复出现多次后，人们的意见会逐渐趋向一致。因此，高校群体通过不同的教学实例表现出来的价值和信仰便具有了统一性，而教学质量文化的行为方式也因此逐渐成了高校的一项传统。近年来，各个高校的相关社团都会对高校的教育质量文化提出一定的期望，表达自身对教学质量的看法。这些期望可以通过多种途径得到强化，如是否赋予其社会声望、重要支持者的活动和意见、法律要求等，是共同文化的重要组成部分。当这些期望影响到组织结构建立时，可以将其看成促使高校组织建立，并且与之相统一的计划、结构和程序。

特里·德尔和肯特·彼德森把文化简称为“内在实体”，他提出了“学校在一定历史阶段所形成的关于价值、信仰和传统的深度形式”。这一论点则由罗宾斯和艾尔维进行了进一步的论证，他们为其定义了具体的内涵，即这一内在实体反映了组织成员所关心的、想花时间去做的和经常谈论的中心内容。因此，高校教育工作者在观察、分析教学质量文化时，应尽量避免将学校文化割裂开研究，并将其看作是影响学校内每一个人的整体性的实体。

教学质量文化具有其内在的整体性，是基于系统建设的整体文化观，当割裂其整体性，将其拆分为精神文化、制度文化和物质文化时，通常只能收获文化的碎片，而不能进行全面的了解。从实质上来看，任何一种文化都是由人所赋予的，因此需要运用系统的原理来分析质量文化。

三、塑造优秀教学质量文化的策略

（一）确立“文化人”的观念

由于单一的文化就是人性的一个断面，因此人可以作为文化的载体，不同时期的管理理论对人的属性的假设不同，它提供了与人性其他方面相关的一个有意义的断面，同时集中反映了其蕴含的文化特质。管理学对人性进行了假设，即从“社会人”到“文化人”，或是从“经济人”到“社会人”。

泰罗于20世纪初正式确立了科学管理的原则,与其他管理要素或对象相比，人的地位和作用主要强调追求利益最大化动机对人管理的重要作用，是一种资源客体。需要注意的是“经济人”假设体现了人理性的一个方面，并没有体现出意志、灵魂、感情等方面，忽视了人的复杂性，容易导致“经济人”模式走向极端。

梅奥和罗特利斯伯格进行了著名的“霍桑实验”，确立了人在管理文化中的主导位置，奠定了管理学中“社会人”假设的实践基础，而不仅仅是一种获取利润的生产要素。“社会人”假设从人的非理性角度丰富了管理文化的内容，为了使管理中的人回归到社会环境里，必须注重人的需要。

随着社会与科学技术的飞速发展，发达国家从高等教育大众化阶段迈进了普及化阶段，人们受教育的水平普遍提高，从而导致了其经济增长发生了根本性转变，人类开始迈入知识经济时代。知识经济时代的到来，改变了人们已经形成的价值追求、世界观、生活方式、工作方式和社会风貌。在新的知识经济条件下，“文化人”成为管理学中的重要组成部分，是新的人性假设，也是主要从事智力活动的脑力劳动者。由于知识分子是知识经济时代的社会主体，其劳动的主要目的是追求精神充实和实现个人价值，主要的生产方式为脑力劳动，因此管理文化更凸显出一种“文化人”特色。

管理文化主要包括两个维度，即非理性管理文化和理性管理文化，在这两个维度上，人类的管理实践和管理理论得到了振荡式的发展。“经济人”和“社会人”分别代表了理性管理文化和非理性管理文化，把人定位于理性与非理性的统一，符合二者统一的要求。一方面，重新确立了人的主体地位，把人类从高技术的压力下解放出来，克服了高新技术带来的价值失落，能够有效帮助人们找回精神支柱和文化归属，从而树立起个人自信和个人价值。另一方面，尊重科学，把最新的科技成果用于管理中。因此，“文化人”在管理文化中，既是一种升华，也是对“经济人”和“社会人”的辩证整合，如表 7-1 所示。

表 7-1　三种人性假设的不同特征

特征	经济人假设	社会人假设	文化人假设
经济阶段	近代工业经济	现代工业经济	知识经济
产业代表	采掘业	制造业	服务业
主要劳动方式	体力劳动	兼具脑力的体力劳动	脑力劳动
劳动的主要目的	谋生	谋生兼精神追求	精神追求
GNP 的主要创造者	工人	工人和知识分子	知识分子
主流管理模式	科学管理	行为科学管理	文化管理
管理组织	封闭分散	开放集中	开放分散

在当前的社会背景下，地方本科院校是由知识分子组成的组织，大学管理应该将管理对象视为“文化人”，而不能继续将其作为“经济人”“社会人”来对待。在高校中，教师与学生具有高度的理性和丰富的情感，属于主体性群体。一方面，追求精神充实和个人价值实现，具有较高的文化修养。另一方面，崇尚科学，按科学规律办事，具有较高的科学文化素质。

（二）强化教学质量信念

人的因素在培育优秀的教学质量文化过程中具有决定性的作用，而信念在人对教学质量发生作用时，则起着决定性的作用。人们在长期接受教育的过程中，会逐渐建立一定的信念，由此可知，在培育教学质量文化时，也必须强化教学质量的信念，使其成为努力提高本职工作的质量、增强高质量人才培养的自觉性、全体师生潜意识中的一种观念的综合反映。

为了更好地培育教学质量文化，高校应给予校院两级领导示范作用和推动作用以充分的重视。在绝大多数的地方本科院校中，教学工作的中心地位是十分重要的，主要取决于领导的信念。由于高校领导者在质量文化建设的过程中属于指挥者、示范者、倡导者、决策者、组织者和推动者，因此必须依靠行政力量推动地方本科院校质量文化的培育。

学校的各级领导均应带头发挥作用，把质量道德教育融入高校组织的各类活动中，使其与职业道德教育相结合，采用宣传栏、广播、会议、报刊等多种形式宣传良好的质量行为，从而提高学校的质量形象并开展质量行动，使质量道德和质量意识深入人心，营造浓厚的质量文化氛围，增强广大教职员工的质量意识，使全体教职员工形成自觉提高质量的行为习惯。地方本科院校为了培育优秀的教学质量文化，则应在学校内宣传质量责任、普及质量管理知识、弘扬质量道德。各级领导和行政人员首先要身体力行做好示范，即不断更新教学质量观念，加强学习，其次则需要精心策划质量教育活动，明确各部门、院系管理者的职责。

建设优良环境也是培育优秀教学质量文化必不可少的一部分。教学质量意识和观念的形成是潜移默化的，也是一个长期的过程，因此地方本科院校必须重视软环境与硬环境的建设。硬环境主要包括商业服务网点、丰富的图书资源、优美的校园环境，以及充足的教学设备设施等；软环境则包括富有深刻寓意的路名、楼名、网站、校内报纸、校训、校歌等。两种环境中渗透着的人本关怀，时刻影响着身处其中的人们。

（三）倡导团队建设

教师在传统的大学文化中，需要依靠自身的天赋与才干探索未知、培养新人、发表成果、教导学生、传播知识，其是孤独的研究者。而学生则需要依靠自己的勤奋、努力，获得用人单位的青睐，其是孤独的学习者。近年来，现代科学技术飞速发展，教师和学生孤军奋战的局面已经无法满足时代发展的需求，因此教师和学生在发展过程中必须具备学会合作、乐于合作、善于合作的重要素质。通过吸收全体组织成员的隐性知识，并将其转变为显性知识是合作的本质与作用，除此之外，还能够积极吸收组织外部的新思想和新知识。因此，倡导合作精神是地方本科院校培育优秀的教学质量文化的必经之路，同时还要鼓励团队建设与发展。从教师的角度来看，需要教师组建服务团队、科研团队、教学团队；从学生的角度来看，则需要学生组建志愿者团队、竞赛团队、学习团队。在这些团队中，教师和学生不仅能够得到锻炼专业方面的洞察力、规划能力和领导能力的机会，还可以获得知识共享的平台。

在团队中良好的合作经历，能够帮助教师较为清晰地认识自身专业发展，消除教师在学术上的孤独感，使其深信自己拥有影响学生学习的能力，从而获得较高的个人成就感，提高课程实施的质量。合作精神的张扬能够消除紧张的竞争与压力，带给学校和谐的氛围。

近年来，世界各国的学者都已公开阐述其观点，认为合作是成功的必要条件。纽曼、韦拉格及其同事对此展开了深入的研究，他们通过“关于学校改革的研究”提出了教师教学集体与学生学业成绩的提高之间具有十分紧密的关系。具有合作精神的教师，特别是一个教研组的同事，通过参与专业讨论，可以共同参与课堂问题的解决，还可以共同分享优秀的教学技术、教学知识、教学理念。而具有合作精神的行政人员在以教学为中心开展工作时，能够与教师更加和谐地开展工作，能够积极将自身的改进计划与外部的改革政策有机地整合在一起，即面对改革，能够积极了解如何将其融入已有的教学实践当中。

（四）采用科学的质量行为方式

1. 教师的教学行为方式要科学

教学既是一门科学，也是一门艺术。科学方面要求教师的教学行动必须符合教育教学规律，而艺术则主要是指教师自身的教学特点，因此教师不仅要对学校的质量观念和质量目标进行深入了解，还要掌握科学的教学理论与方法，从而将追求高质量作为自身的教学理念，并实施于相应的教学活动中。除此之外，积极参加各类进修和培训，从而促进学校教学质量的提高。

在教学过程中，教师应强调教学的适应性，即适应学生的差异、适应学生的需求、适应学生的特点。教师还应突出教学的启发性，做到因材施教、循序渐进，即启发学生的思维，从而引导学生愿学、乐学、会学。除此之外，教师的教学还要适应学生的发展性，重视发展特长，追求学生素质的全面发展和潜能的最大限度发挥，使个性各异的学生得到充分的发展。

2. 教会学生采用科学的学习方式

高校应将培养和提高学生的学习能力作为构建教学质量行为方式的重要任务，为了更科学、合理地提高教学质量，必须将重点放在高质量的学与高质量的教的有机结合上。高校面对的大学生是能够进行独立思考的大学生，因此，必须在研究、探索的过程中实现高质量的学习，给予学生主宰自己的学习活动的机会。在教学过程中，教师应做到两方面：①开放学习过程。教师应积极开放学习空间，强调在过程中学习，将书本教材向电子网络、多种媒体延伸，课堂向社会延伸。②加强开放性的发散思维训练。在教学过程中，突出研究性学习，并且要突破以往追求知识体系的完整性。

3. 鼓励行政人员采用科学的管理方式

在管理方式的选择中，学校领导和各级行政人员要不断寻求高质量的教学管理方式，充分运用现代组织管理理论强化行政支援与服务系统的功能，重视管理和控制，以及教学资讯的收集、反馈和分析，从而使科学的管理方式成为推进高校教学质量管理活动开展的组织行为保障。主要包括四方面：①突出制度化管理。主要是指将各个要素有机地结合起来保障教学服务质量，如设备、生源、经费和师资等。②突出人本化管理。主要是指将为了人、发展人、尊重人和依靠人的价值取向贯穿于学校各项管理工作。③突出信息化管理。主要是指通过运用科学的技术手段对教学运行状况进行分析，同时强调计算机技术和网络平台的高效使用，从而为教学质量决策提供一定的科学支撑。④突出民主管理。主要是指高校管理层虚心听取师生对于管理制度的意见和建议，强调师生对于教学管理活动的参与。

高尔顿认为，学校质量具有三种文化要素：一是制定一套系统的象征性活动，从而激励学生努力、进步；二是制定一套激发学生潜能的、适用的期望；三是制定一套用来强调学术努力和成就的有价值的、明确的学校规范。

对于我国培育教学质量文化而言，高尔顿的研究具有十分重要的启发意义。地方本科院校在建立并完善各项工作制度时，必须依据科学论证，并且要保证这些制度具有参与性、公开性和透明性。这些制度包括责任制度、奖惩制度、管理制度和评价制度等，不仅能够使高校倡导的质量精神成为行为准则，还能有效激发全体师生员工的参与性和积极性。

第二节　化解改革阻力，增强建设动力

一、重视制度创新的宣传

建设教学质量保障体系不仅是高校面对高等教育市场压力的主动选择，也是高等教育利益相关者对高校施压的结果。在这一过程中，要求高校必须重新进行利益的调整与分配，同时还需要高校不断进行制度创新。随着社会交往主体队伍的扩大，教育改革已经成为一种社会交往实践活动，原有的约束机制相应地在学校内部教学活动、社会生活、政府等方面都要进行一定的调整，交往的对象越来越复杂，导致交往领域的加深。从积极意义的层面来理解，制度创新是制度主体在交往实践中用一种效益更高的制度来代替另一种制度的过程，它强调主体间的关系。需要注意的是人类的交往实践活动是制度创新的必要条件，由此可知，其过程是复杂的。

在建设教学质量保障体系的过程中，必然会涉及一系列的制度创新工作，如招生、工资制度改革、就业、各种评估、检查，以及教学模式改革、学科建设、师资培养等。对于制度创新而言，广泛的宣传和接受师生员工的建议具有十分重要的意义。进行宣传的过程其实就是对利益进行协调、取得共识以及凝聚人心的过程。高校内部在开展制度创新的过程中，各相关利益者对教学质量建设、改革方法和改革方案都要进行一定的估量，需要注意的是，这一现象是受高校管理文化制约的。宣传工作的开展影响着改革过程的平衡。

二、保证师生的广泛参与

课堂教学作为教学的最前沿，是教学质量改革创新的关键，建设教学质量保障体系最核心的要素便是教师和学生，同时其也是教学质量保障的关键性利益主体。当师生对教学质量保障体系建设存在着消极的态度或是没有任何发言权时，则会严重影响教学质量保障的整体效果。

为了充分动员教师和学生积极参与教学质量保障体系的建设，必须做到以下几个方面。

（一）广泛听取师生的意见

在制度设计的过程中，高校管理层应关注教师和学生的切身利益，广泛听取师生的意见。必须将大学生的理想、兴趣和爱好作为制定教育教学政策的主要依据。例如，徐州师范大学每个季度都开展一次“校长有约”活动，这一活动使学校有关部门收到大量的从学生角度提出的意见，有效地激发了学生的参与意识，同时也为相关部门解决学生问题提供了新的途径。

（二）鼓励师生积极提供教学质量信息

在教学质量保障体系运行过程中，高校应积极鼓励全校师生提供相关的教学质量信息，如教学进程中师生的感觉、学生对教师教学的评价、对教学设备设施的利用情况、对于教学管理与教学服务的评价等。近年来，我国大多数地方本科院校每天全校上课量高达 1000 课时，其本科专业也都在 30 个以上，因此高校管理者对各个方面教学质量的抽查具有一定的片面性，采用的方法包括同行听课、领导听课、教学督导评价等。因此，为了保证教学质量保障的全过程性、全面性、全员性，必须动员师生参与到教学质量保障体系的建设中来。

（三）设立师生参与机制

在教学质量保障体系建设和运行过程中，师生参与机制的设立尤为重要。由于受行政官僚体制的影响，我国高校在面对问题时的出发点大多是“坚决执行上级决策”“响应上级号召”“不出事”等。因此，在这样一种体制下，领导的个人素养与思想认识程度决定着采纳师生员工意见、倾听基层呼声的程度。高校的师生员工相对于“上级”而言，处于弱势地位，因此在教学质量保障体系的设计中，必须具有保证师生参与教学质量活动的制度，以及接纳师生意见和建议的“端口”，而不能设计为有需要时才允许师生参与。为了更好地塑造质量文化，使师生更深刻地认识教学质量，必须让其广泛参与到教学质量保障中来。

三、建立公平的竞争机制

公平是对社会正义的一种追求，也是与效率紧密联系在一起的一个伦理学概念。有效率的竞争制度能够激起巨大的工作热情，而不是一定要符合某种理论或原则。公平的制度设计能够使所有的个体不因年龄、经济状况、身份、性别、民族等先天性因素受到歧视，还能在资源的分配过程中合理对待每个个体。

由此可知，地方本科院校必须切实激发师生员工的积极性，以建立公平的竞争机制为着眼点，最大限度地化解建设教学质量保障体系过程中的阻力。地方本科院校的竞争机制主要体现在稀缺性资源的获得方面，如课题项目经费资助、职称晋级、各种荣誉称号等，对于实行完全学分制的高校，这一机制还体现在选课机制上。因此，高校不仅要做到公开、透明，最大限度地避免暗箱操作，还要做到竞争公平，建立一种以能力或效率取向的标准，真正激发师生员工的积极性。公平的竞争机制不仅能够使人们判断或明确自身在竞争中的位置，还能有效帮助师生员工进一步提高自身素质和能力。

四、建立评估机制

在教学质量保障体系中，院系评估、课堂教学评估、专业评估、外部评估、内部评估等都是监控工作的具体类型、方式方法，由此可知，高校在保证教育教学质量时需要依靠不同种类的评价办法，构成整体上的综合效应，而不能单靠一种办法完成。因此，地方本科院校必须加强教学评估。

教学评估工作是教育部审时度势，为提高教育质量而采取的关键举措。教学质量评估是采用科学的理论和方法，根据学校的性质、培养目标和任务，对教学工作进行科学测定和评价。教学质量评估不仅是增强教师的事业心和责任感的重要保证，也是教学管理的重要内容。

（一）教育评估的目的和意义

目前，我国教育行政部门定位高校本科教学工作水平的主要方法为本科教学工作水平评估，这一方法也是国家教育行政部门对高校办学特色、办学效果、办学思路、办学条件进行评价的方法，不仅是加强教学质量的一种长效和高效的措施和机制，也是构建中国特色高等教育质量监控的重要步骤。

1985 年，我国颁布了《中共中央关于教育体制改革的决定》，从而有领导、有计划地开展高等学校教学评估工作。这一概念不仅是高等教育管理逐步向市场经济体制转变的开始，还是高等学校教学评估工作开始的标志。我国普通高校教学评估的依据是《高等教育法》。这一法律的颁布，使教学评估成了依法办教育，依法行政的重要组成部分，因此高校必须接受相关教育行政部门对其办学水平和教育质量的监督和评估。一般情况下，国家教育行政部门对成绩较差的高校要进行一定整顿，而对成绩卓著的高校则要予以物质上的重点支持。

我国高等教育的办学条件和办学质量成为人们最为关心的教育问题之一。由此可知，开展本科教学评估的主要原因包括四个方面，即是适应高等教育发展趋势的需要、是促使学校重视本科教学的手段、是提高教育教学质量的措施、是建立健全教学质量保障体系的途径。除此之外，评估对于高校而言还具有三个方面的价值：①增加价值。主要是指地方本科院校通过改革和建设，不断提高本校的办学水平和教学质量。②发现价值。主要是指地方本科院校通过梳理本校的历史和改革建设思路，从而发现自身的特色。③鉴定价值。主要是指地方本科院校通过衡量学校的教学工作处在什么水平，从而制定相应的政策。

本科教学工作水平评估工作有利于提高学校的社会影响力和地位，提高其教学质量和办学水平；有利于加强师资队伍和教学条件的建设，优化教学环节；有利于拓展学校教学改革的思路。

本科教学工作水平评估的目的可以归纳为以下四个方面：一是促进学校自觉地按照教育规律逐步建立和完善自我约束的机制、提升办学水平和效益、明确办学指导思想、改善办学条件、提高教学质量、深化教学改革、强化教学管理；二是提升我国在国际化教育中的影响力；三是支持高等学校的教学工作，同时引起各级教育主管部门的重视。

（二）教师教学质量评估的必要性

教学质量是衡量高校教学水平的根本标准。具体来讲，对教师教学质量开展相关评估的必要性，可以概括为以下几个方面。

1. 评估是教学监督机制形成和完善的重要途径

高校的教学管理部门必须对教学状况进行监督和调控，从而确保教学任务的顺利完成，改变教师各自为战的状况，在这一过程中逐渐形成了监控机制。为了使管理部门更全面地掌握教学质量、教学活动和教师队伍的基本状况和趋向，从而逐步实现教学管理科学化，必须依据教师教学质量评估提供的信息，对教师的教学工作进行有针对性和实效性的调控。除此之外，教师教学质量评估还有利于高校挖掘人才，为主管部门提供教师队伍建设的重要依据，从而帮助高校不断完善教师聘任制，增加聘任的适合度。

2. 教学质量是决定学校办学水平的主要因素

培养社会主义事业的建设者和接班人是高校最根本的任务，在这一任务中，教师则是直接影响人才质量的决定性因素。高校整体水平结构中存在一个三维结构，即学校教育质量—教师教学质量—人才培养质量，由此可知，教师教学质量不仅是保证人才质量的基础，是提高教育质量的根本环节，也是联结地方本科院校教育和人才质量的纽带。

3. 教学质量评估是保证人才培养质量的必要手段

人才质量是多种因素协调作用的结果，属于综合性概念。人才培养质量一定程度上决定着加强教学管理、改进教学工作、诊断教学、总结经验等多个方面的内容和发展方向。

由此可知，在建立社会主义市场经济的条件下，对教师的教学方法、内容和目的又有了新的要求，因此高校必须不断提高教学质量。近年来，现实环境中的各种不利因素，严重地影响了教学质量，如教师精力投入不够、教学经费的投入不足等，从而导致现实的教学活动无法满足社会发展的需求，使本来就迫在眉睫的问题更加突出。认真搞好教师教学质量评估不仅能够改变这种状况，同时也是必要的手段。

4. 教学质量评估是提高教学质量的重要途径

课堂教学质量评估不仅是实现教育目的的根本保证，也是对教师教学工作进行评价的方式，有利于提高和改进教师的教学水平。教育目的是社会对人才培养质量和规格的总体要求，是教育对人才培养所期望达到的目标。目前，培养社会主义的建设者和接班人是我国大多数地方本科院校的教育目的。需要注意的是提高和培养学生的德、智、体等方面的素质与教师的教学质量有着密切联系。由于教师的教学水平和经验是不断变化的，因此教学实践是动态的。为了提高教学质量，丰富和完善自身的教学行为，教师必须不断总结经验和教训。

第三节　改进地方本科院校教学质量保障体系结构

一、教学质量保障体系的组织结构

（一）教学质量决策与指挥系统

地方本科院校教学质量保障体系的指挥系统通常由校长、学校的教学管理人员、教学委员会、教师代表和学术委员会等组成，主要包括组织指挥的有效运行机制、学校学术力量参与的制度，以及教学相关职能部门、学校、学院、系共同形成的组织架构等。

这一系统在整个教学质量保障体系中需要总结教学质量保障的经验，指挥教学质量管理的各项活动，制定有关教学活动的政策、规章制度，承担着确定本科教学质量目标和质量标准的责任，具有核心地位。各学院教学委员会在这一系统的指挥下，要制订并定期修订人才培养方案，为了保持人才培养目标的动态平衡，相关职能部门的工作质量直接影响整体保障工作的协调性，因此必须将重点放在本校的实际情况和社会需求上。

主要功能与职责包括四方面：①制定并公布有关教学质量的标准、教学质量提高的激励措施、教学质量保障的各项政策等。②首先，地方本科院校要根据本校的实力、任务和性质，以及分析社会发展需要的变化制定或改善学校的教学质量方针。其次，要以教学质量方针为基础制定本校的教学质量目标。③解决教学质量管理过程中出现的矛盾，并要负责宣传、说明、解释各种教学质量信息。④阐述学校的办学优势与质量特色。

（二）教学质量决策执行系统

为了使教学质量保障体系在实际运行中发挥作用，地方本科院校必须重视体系的行动的能力，因此体系运行是非常关键的环节。在指挥系统的命令下，参照质量目标，有效执行质量决策，决策执行系统则要符合相关的要求，从而为完善高效教学质量保障体系提供保证。一般情况下，质量决策执行系统主要参加人员为教师、学校、负责教学工作的行政管理人员等，其组成部分主要包括学校和院系二级运作结构。

主要功能与职责包括四方面：①系统地改进教学质量工作，加强对后勤服务人员、行政管理人员和教师的教育与管理。②积极鼓励教师行动起来，认真贯彻和执行学校的各项教学质量政策，从而提高教学质量。③组织校内的教学质量经验交流活动，鼓励组织、团队和个人的教学质量成就。④制订本校具体的执行计划，组织各院系对整体质量目标进行分解，设计并实施本院系人才培养方案。

（三）教学质量评价与诊断系统

地方本科院校的教学质量保障体系能够使质量保障活动建立在客观的基础之上，同时还可以为教学质量决策和协调、教师改进教学工作、诊断质量问题、学生改进学习提供准确、可靠的依据，即教学质量保障体系能够对校内的教学工作进行评价。质量评价和质量问题诊断不仅能够提高质量保障活动的效益，还能够使教学质量保障工作有的放矢。

在这一系统中，主导部门包括教学质量评估处、教务处等，通常是在副校长领导下建立的，吸纳学校和学院两级教学督导组、具有较高学术水平的教师、学院教学委员会、学术委员会、高等教育研究所、学生工作部门等。系统成员能够通过各种渠道听取师生的看法和建议，如与师生座谈、深入课堂第一线听课等，同时还要了解社会对学校教育教学的需要，组织毕业生的质量跟踪调查等。由此可知，教学评价与诊断系统是一个专家系统。

教学质量评价与诊断系统的功能与职责主要包括六方面：①地方本科院校应主持制定教学质量和教学管理工作质量评价标准，并制定出具体的评价。②对有关质量评价争议的问题进行仲裁，处理好各个单位的质量申诉意见，同时组织对有关质量评价争议问题的复评。③地方本科院校应定期组织学校进行教学管理工作评价，并根据目前存在的问题提出改进意见。④在一定情况下，开发适合本校特色的教学质量评价与诊断技术，提高教学评价的效度与信度。⑤协助外部机构实施对学校的评估，同时还要协调校内质量活动与外部组织的各种评价活动的关系。⑥分析诊断学校人才培养存在的问题，并且对教学质量进行系统检查和评价，从而为改进教学质量管理提供依据。

（四）教学质量信息管理与反馈系统

对于教学质量的保障而言，及时性、准确性和完整性尤为重要，教学质量的信息是质量保障活动的基础。地方本科院校内部的各种质量评价都需要各种类型信息的支持。

质量信息管理与反馈系统主要由从事信息管理的专职人员、各学科的资深专家、院系领导、资深教师等组成，一般情况下是教务处为中枢的系统。随着计算机和网络的飞速发展，地方本科院校陆续在这一系统中加入信息技术中心，从而使这一系统不断丰富。

这一系统不仅是信息管理系统，还是一个信息反馈系统，主要负责收集教学质量信息，具有收集、处理、传递信息的功能，并依靠这一系统获得各方面对教学质量的信息反馈，从而有效监督教学质量各执行环节。除此之外，还能将不同渠道、不同对象相关的教学质量信息反馈给质量决策的工作人员，为质量决策提供依据。教学质量信息收集系统运行的过程不影响整个质量保障体系的成效，是控制教学过程、进行科学决策、开展教学评价的前提。因此，地方本科院校必须确保信息的畅通性，增强信息的全面性、及时性和可靠性，同时还要建立信息的收集反馈机制，完善学校管理信息系统。

教学质量信息管理与反馈系统的功能与职责包括三方面：①及时反馈经过处理的信息给学生、学校院系领导、行政管理人员、教师等有关部门人员。②通过信息网络，收集各方面的信息，如学生家长、政府部门、用人单位、人才市场等。③专家组应对信息的含义进行解释，从而提出改进的建议。

（五）教学质量支持系统

构成教学质量支持系统的核心要包括合理的管理制度、充足的经费投入、高素质的师生员工、完善的设施设备等。这一系统一般情况下是由校长主导的，通过鼓励和动员学校行政职能部门加入，如后勤、财务、人事、科研、设备、宣传等，从而保障教学质量的全过程性、全面性、全员性。

教学质量支持系统的功能与职责包括三方面：①高校应落实各项教学激励政策。②促进教学设备设施的高效率使用，及时维护教学设备设施，编制教学设备设施采购计划。③鼓励并发动教职员工积极参与质量保障活动，引导培育质量文化，开展质量宣传活动。

二、强化教学质量保障体系的关键功能

（一）加强教学质量思想建设

高校应帮助和引导师生加强质量意识，即在任务合格的基础上达到最佳的效果。教育质量思想的问题主要是指个人的教学质量意识是否与地方本科院校所应具有的质量思想一致，并且符合大众化高等教育的实际，因此，地方本科院校必须在各个方面明确质量思想，可以在各种场合对确定的质量思想进行宣传。在宣传的过程中，需要进一步明确教学活动的质量标准、教学工作对于目标达成的重要性、大众化阶段地方本科院校的价值与使命，以及高校发展对于个人、学校整体和社会的重要意义等。

在培育质量意识的过程中，管理层和教师首先应摒除自身就已经具备的质量意识，其次则要注意将质量思想的内容贯穿于校内的各种活动中，还要积极开展各种学习班、讨论会等。质量标准既不能过于强调其职业性，也不能片面强调其学术性，并且大多数高校都是以分学科、专业的形式进行人才培养活动的，因此高校必须在专业方面达成教学质量标准的共识，从学生未来的发展方向和教学的本质等方面进行充分的、综合的考虑。

地方本科院校的教师和领导是强化质量意识的重要人员，对于师生和员工

的质量意识而言，主要领导的教学质量意识具有十分重要的领导作用。这就要求地方本科院校的领导层必须在思想上重视教学质量，身体力行，在行动上重视教学质量，形成大众化阶段的教学质量观，突出教学质量保障体系的建设。从地方本科院校的文化方面入手，加强弘扬教学质量文化的力度，从而使质量思想建设形成巨大的示范效应。对于教育教学活动而言，地方本科院校教育者的思想具有十分重要的影响，而教师的教学质量思想也有利于提高学生的质量意识。当教师具备了良好的质量意识时，他不仅能够以其强烈的责任心保证教学的微观质量，充分调动学生学习的积极性，同时还会严格对待他的教学工作。

（二）建立教学质量标准

教学质量标准是教学目标的核心部分，主要是指为达到人才培养目标和规格而制定的质量规定。由于大众化高等教育的服务宗旨、定位和目标的巨大差异促进了高校的分化，产生了多种类型的大学，因此需要利用多种标准衡量各个高校。对于地方本科院校而言，教学质量标准必须回应利益相关者的具体质量诉求，符合自身的发展定位，是明确而具体的。

在进行教学质量管理和评价的过程中，教学质量标准具有基础性作用，而师生对教学质量标准的正确理解与运用与否和教学质量标准是否合乎教学活动的规律两个因素决定着这一作用是否能有效发挥。教学活动是教师以知识为中介的交往活动，即专业人员从事的专业性活动，因此教学质量标准既不能脱离人的影响，又不能脱离教学活动的过程、目的和结果。

对教学活动的所有环节进行深入分析是制定教学质量标准的关键，教学质量标准的建立必须符合本科教学活动和教育的准则，遵循教育规律。地方本科院校在制定标准的过程中，应使教学质量标准充分体现其专业性，听取专家的意见，并组织专业人员进行研究和论证。近年来，随着教学质量标准的普及，逐渐出现了一些关于教学质量标准的误区，如认为教学要求是以管理为视角的，教学质量标准是以评价为视角的；教学要求主要是指教师将教学内容传授给学生的细节，如对具体的教学方法、教学内容的组织等做出的规定，而教学质量标准则主要是指学生知识和能力的掌握程度，以及教学过程或结果的状态。

由此可知，教学质量标准在具体的教育环境中充分体现了对教学目标成果的价值判断，需要注意的是这种判断不仅要包含对目标、活动或者成果的预期，还要包含某种价值准则。因此，制定者对本科教学的目标期望和价值追求是地方本科院校教学质量标准最显著的体现。

除此之外，教学质量标准也充分地反映了现实教学状态，主要体现在两方面：①教学系统的内在结构和实际状态。教学系统是由教学结果、教学过程、教学条件、教学管理四个方面组成的，因此本科教学质量标准则包括了针对教学结果的人才培养质量标准、针对教学过程的教学质量标准、针对教育者的工作质量标准以及针对教学条件的硬件设备设施标准等，这些内容都从客观的角度反映了本科教学的内在结构。②教学质量标准的来源为客观现实。在确立本科教学质量标准的过程中，本科教学实际情况为其提供了大量的依据，由于大部分高校已经有了较长的积累，其社会舆论中的定位已基本成型，因此地方本科院校每年招收的新生具有知识水平和学习能力程度相近、年龄相仿、高考排名也大致相近的特点。教学质量标准常模则十分适用于这种客观现实。

综上所述，可以将地方本科院校建立教学质量标准需要注意的内容分为以下三个方面。

1. 必须确保本科教学质量标准文本的规范性

现代评估理论、技术、方法是本科教学质量标准必须具备的要素，因此评价标准表述的内涵要准确、外延要清晰，即表述要语言准确，这种表述不仅可以避免参评者对标准尺度的理解不一，保证评价的准确性，还可以统一参评人员对标准强度的认识，从而使其做出客观的判断。近年来，我国陆续做出了许多相关规定，主要可以分为以下三类法规文本：一是《中华人民共和国高等教育法》；二是《中华人民共和国学位条例》；三是各种教学评估方案以及教育部颁布的各类本科教学工作指导性文件。对于教学质量标准而言，国家的教育方针政策十分关键。

2. 确立合理期望

地方本科院校在减少教学质量固有误差和提高教学质量的过程中，必须确立合理的教学质量标准期望。在高等教育大众化阶段，地方本科院校要坚持多样化的适应性标准和基本的学术标准。近年来，我国大部分地方本科院校已经基本发展成了多科性的高校，从学科的培养目标来看，有些科类明显地偏向培养应用型人才，而有些科类则以培养理论型和学术型人才为主。从学科内容来看，有些科类偏重于应用，而有些科类则偏重于基础。因此，作为培养人才组织的地方本科院校不仅要制定与办学特色相适应的质量标准，以办学层次和办学条件为主要依据，从而建立正确的教学质量期望，还要坚持基本的学术标准，避免成为培训机构。这种教学质量期望要根据现实情况调整，从而适应社会的要求。

3. 遵循“三个符合度”的基本原则

①人才培养目标与地方本科院校人才培养质量的符合度。这一原则为地方本科院校教学质量标准的制定提供了科学的、准确的依据、法规和政策，同时也阐明了本科教学工作标准的价值取向。②人才培养目标与地方本科院校教学工作状态的符合度，即学生对提高素质、培养能力、教学内容、教学方法以及学习环境的满意程度。③人才培养目标与地方本科院校的办学目标符合社会经济发展的需要。

（三）完善教学的投入保障机制

教学质量保障体系的建设是一项需要投入的系统活动，因此必须有财力、物力和人力的支持。虽然充足的投入不一定会带来高质量，但在教学质量保障过程中，投入不足往往是影响教学质量的重要因素。因此，地方本科院校必须建立制度化的投入机制，建设完善的教学质量保障体系，使之成为校内人员必须遵照执行的“校内法律”。因此必须加强投入与建设。

1. 财力投入

国家和地方政府对于高校的教学经费投入有着明确的规定，因此高校的收入与开支都必须严格按照要求进行预算管理。地方本科院校一方面必须在符合相关规定的前提下确保教学运行的需要，足额投入教学经费；另一方面则要避免有限的资金被挪用或浪费，开源节流。美国著名教育家库姆斯曾对发达国家的高校进行考察，他认为“即使教育质量停滞不前或是下降，每个学生的实际费用也是保持着逐年上升这一反常趋势”。从经费的作用来看，大学的资金通常都处于缺乏的状态。对于地方本科院校而言，收入预算越来越难以增加，而支出预算则越来越庞大，再加上通货膨胀，容易导致高校失去进一步提高教学质量的内在动力，从而失去活力。因此，地方本科院校应通过争取国家财政专项拨款、杜绝资金浪费、吸引校友捐赠、竞争各类专项资助等措施，保障教学经费的足额使用，努力扩大收入来源，重视经营工作，从而为保障教学质量创造良好的条件。

2. 物力投入

大多数地方本科院校经过长期的大规模建设，大部分基础设施建设已基本完成，如多媒体座位数、实验室面积、校园面积、教学行政用房面积等办学指标，在一定时间内都是具有一定稳定性的。物力投入是维护学校各种教学设备设施的关键，主要体现在对实习基地、实验设备等的建设方面。

3. 人力投入

人力投入主要包括两个方面：一是加强各级领导、师生的精力投入；二是通过定期开展针对教师的专项培训、招聘高水平教师、降低师生比等方式保持和提高教师质量，从而达到保障教学质量的目的。

地方本科院校应加强对教学质量的监控、创新人才培养模式、建设精品课程、定期修订人才培养方案、组织学科竞赛、表彰教学成就，并且吸引领导、师生的主要精力投入教学中。

（四）加强教学过程质量控制

从教学质量产生的环节来说，教学质量生成的环节是本科教学过程质量控制必须要反映的内容。教学环节主要包括毕业设计、课程考核、课程设计、教学计划、实习、课堂教学实验等。从学生培养的环节来说，学生从入学到毕业的全部教育培养环节都应纳入本科教学过程的质量控制内容中，教育环节主要包括就业服务、阶段性学习总结与评价、专业教育、班级管理、完成作业、学习方法教育等。

从系统科学的角度来看，教育质量必须依靠对过程的控制才能得以保障，因此地方本科院校必须要建立起较完备的教学质量监控系统，同时重视教学质量保障中的过程保障，主要包括定期教学评估、日常教学检查、领导听课、教学督导组听课、学生信息员制度、学生评教等。在高校内部质量保障体系中，大多数地方本科院校都十分重视过程保障要素的建设。

但是我国大多数地方本科院校的教学质量保障实践，常常会忽视建立教学基本状态数据库和教学研究，这两点必须引起地方本科院校和相关部门的重视。学校的导向对于教师在教学研究方面投入的精力有较大的影响，教学研究是提升教学质量和深化教学改革的重要基础。教学研究这种质量保障措施相对于听课、评价等手段而言，其保障作用是不明显的，属于“软措施”，很难收到立竿见影的效果，因此十分容易被高校管理层和教师所忽视。许多地方本科院校为了加强教学研究，最常用的方法便是避免在教务处设立教学研究科，同时通过教育教学课题立项的办法，引导教师重视教学改革，从而达到提升教学质量的目的。近年来，我国关于教学改革方面的研究仍然十分缺乏，大多教学研究都转变为了教育科学研究，由于其以发表论文为主，导致教学研究成果无人问津。

高校教学基本状态数据库是对人才培养过程进行自我诊断和常态监控的重要工具。我国教育部门对各个高校做出了定时汇报的要求，即高校每年都需要上交高级报表，而高校办学的基本数据便是高级报表的数据。由于各个方面的问题导致许多数据与实际情况存在一定的差异，因此绝大多数的高校并不愿意公开其他办学基础数据，只会在招生宣传中介绍少数数据。当高校内部各单位需要使用数据时，则必须通过一系列手段向相关部门咨询真实的数据，如电子邮件、电话等。

在教学过程质量监控的措施中，教学基本状态数据库与淡化的教学研究充分反映了部分高校对内部质量保障体系整体功能的认识存在一定偏差，即将教学质量保障看成是一种行政权力的运作，或将其看作一项管理职能，从而消解或挤压了高校教学质量保障本身所具有的教育价值。

由此可知，地方本科院校教学过程质量保障不仅需要建立并完善教学基本状态数据库，重点强化教学研究对教学质量保障的推动作用，确保真实性，描绘高校教学质量持续改进的进程，还要完善教学常规工作，加强对教师教学过程和学生发展过程的控制，使工作流程更便捷，效率更高，加强教学条件保障和教学评估，落实教学计划等。

（五）开展教学输出质量的跟踪调查

教学输出质量在地方本科院校教学质量保障体系中，主要包括两种情况：一是大学生毕业后的发展状况既是一种狭义的输出，又可以认为是一种广义的输出，即人才培养完整阶段的终端；二是大学生在某门课程或某个时间段结束后的状态，即教学过程的一个环节结束之后的终端。

无论是狭义的还是广义的教学输出都充分体现出了一种动态的发展。具体体现在两方面：①狭义教学输出质量的外观表现。如用人单位反馈评价、学生毕业率、学位授予率、往届毕业生的发展状况调查、应届本科毕业生对学校教学的评价、社会舆论的认可程度等。②广义教学输出质量的外观表现。如教学管理质量、各课程的教学完成情况、学生综合素质测评成绩等。

教学输出质量的高低或好坏可以通过现实状况与高校既定的教学质量期望值相比较来衡量，也可以通过学生接受教育后的素质高低和社会对学校的认可程度来衡量，还可以采用高考最低录取分数线或平均分数的变化来衡量。其实，这些外在的评价指标或特征，体现出来的都是教学质量。

从对地方本科院校的调查来看，各高校对于教学输出质量的控制是很重视的，因为这对于学校的声誉有很大影响，所以各种各样的教学质量保障措施也都具有很强的针对性，如规范考试命题、狠抓考试过程、加强成绩分析、提高英语和计算机等大学生统考科目的过关率、对学院教学工作进行综合性评价，对毕业生就业情况进行调查分析等，但很多地方本科院校都忽视了一个重要的方面，就是持续不断地对毕业生进行跟踪调查。尽管影响大学生毕业后生存和发展状况的因素有很多，但大学生在学习期间受到的培养与熏陶对其一生的影响都是巨大的，每一所大学的办学目标都不可能没有促进学生更好地适应社会生活、得到更好发展的内容。著名的大学拥有很高的声誉，不是源于其他方面，而是其所培养的学生在各行各业都成为优秀的人才，成为时代的精英。作为服务地方社会发展的地方本科院校，毕业生能够成为时代精英的可能为数不多，但应当保证大多数毕业生能够长时间体面地生存、有尊严地生活、有良好的发展，这才真正代表了地方本科院校的教学质量。所以，地方本科院校要建立毕业生的跟踪调查制度，不是调查个别人，而是调查多数人，不仅调查他们个人，而且要听取用人单位的评价，了解他们的生活状况、发展情况，建立校友档案和数据库。这些工作不仅具有即时的作用，而且具有延时的效应。这种调查的分析结果可以作为信息反馈给质量决策与指挥系统，对调整和完善教学质量目标具有十分重要的意义。

参考文献

[1] 严欣平，王光明. 地方本科院校教学质量保障体系研究——以重庆科技学院为例 [M]. 重庆：西南师范大学出版社，2017.

[2] 梁育科，苟灵生，王兴亮. 高等院校内部教学质量保障体系研究与实践 [M]. 西安：西安交通大学出版社，2017.

[3] 方鸿琴. 英国大学的质量文化与质量保障体系 [M]. 北京：经济管理出版社，2018.

[4] 田智辉，甘罗嘉. 高校教学督导与教学质量建设 [M]. 北京：中国传媒大学出版社，2016.

[5] 赵彤. 新建应用型本科实践教学体系构建研究——以商科专业为例 [M]. 南京：东南大学出版社，2017.

[6] 贾莉莉. 国际视阈中基于专业认证的本科教学质量保障体系构建 [M]. 上海：立信会计出版社，2018.

[7] 解继丽. 教育信息化——促进教学改革的保障体系研究 [M]. 昆明：云南大学出版社，2015.

[8] 林杰. 问责与改进——高等教育评估与质量保障 [M]. 济南：山东教育出版社，2015.

[9] 叶信治，等. 美国公立研究型大学教育质量保证研究 [M]. 厦门：厦门大学出版社，2015.

[10] 赵树果. 高校本科教育教学管理研究与进展 [M]. 武汉：武汉大学出版社，2015.

[11] 高建明. 高校实验教学质量评价体系的建设与实践探索 [M]. 长春：吉林人民出版社，2017.

[12] 陈武林. 高校本科专业教学质量标准——复杂性理论视角 [M]. 广州：广东高等教育出版社，2015.

[13] 李强，王维坚. 新建应用型本科院校教学质量保障体系构建研究 [J]. 吉林工商学院学报，2018（06）：114−116.

[14] 张建芳. 新建地方本科院校质量保障体系构建 [J]. 商洛学院学报，2018（02）：41−44.

[15] 刘飞燕. 新建本科院校教学质量保障体系的完善 [J]. 高教论坛，2018（08）：107−110.

[16] 唐甜甜. 应用型本科院校教学质量保障体系构建研究 [J]. 长春师范大学学报，2018（01）：194−195.

[17] 曾永安，范广. 论地方本科院校教学质量保障体系的建设策略——以咸阳师范学院为例 [J]. 品牌研究，2018（05）：210.

[18] 郑亚，李坤鹏. 地方高校本科教学质量保障体系建设研究 [J]. 才智，2018（22）：162.

[19] 杨水根. 地方本科院校教学质量评价改革的若干思考 [J]. 黑龙江教育（高教研究与评估），2018（06）：51−53.

[20] 李卓. 民办高校内部教学质量保障体系构建研究 [D]. 延吉：延边大学，2018.